Geschenk
v. Alexandra
u. Martin

KH, 6.11.09

Ursula Degen

Einfach symbadisch!

Geschichten und Anekdoten
aus dem alten Karlsruhe

Wartberg Verlag

Impressum

Bildnachweis:
Archiv DLRG Stadtgruppe Karlsruhe: S. 48-49, 53 (J. Bellm)
Archiv IWC e.V. Karlsruhe: S. 36 (G. Kyrios), 39
Archiv Modehaus Schöpf, Karlsruhe: S. 44 (H. Thiele)
Archiv Reitinstitut von Neindorff-Stiftung, Karlsruhe: S. 16 (E. Richter-Assmann), 18 (U. Schnitzer)
Archiv Sandkorn-Theater, Karlsruhe: S. 10, 13
Archiv TSNV e.V., Karlsruhe /VBK: Titelbild, S. 71, 74, 78
FotoCenter Kuntze Karlsruhe: Rückseite
Privat Trudel Gruber, Karlsruhe: S. 21, 23
Privatarchiv Gudrun Gloth, Berlin: S. 26, 29
Privatarchiv Inge Müller, Karlsruhe: S. 55, 56-57
Privatarchiv Robert Mürb, Karlsruhe: S. 68-69
Privatarchiv Hermann Sick, Karlsruhe: S. 62-63 (H. Kanzleiter)
Stadtarchiv Karlsruhe: S. 7 (8/PBS oXIVa 815), 32 (8/BA Schlesiger A28 39/2/9A)
Ullstein Bild: S. 1 (Steffens)
Das Titelbild zeigt den Marktplatz Karlsruhe.

Wir danken allen Lizenzgebern für die freundliche Abdruckgenehmigung. In Fällen, in denen es nicht gelang, Rechtsinhaber an Abbildungen zu ermitteln, bleiben Honoraransprüche gewahrt.

Herzlich danke ich allen, die mir ihre ganz persönlichen Geschichten erzählt und vertrauensvoll ihre Fotoschätze mitgegeben haben. Ich bedanke mich für ihre Geduld und für die Zeit, die sie mir geschenkt haben.

1. Auflage 2009
Alle Rechte vorbehalten, auch die des auszugsweisen Nachdrucks und der fotomechanischen Wiedergabe.
Layout: Attila Jo Ebersbach, Kassel
Druck: Hoehl–Druck Medien + Service GmbH, Bad Hersfeld
Buchbinderische Verarbeitung:
Buchbinderei Büge, Celle
© Wartberg Verlag GmbH & Co. KG
34281 Gudensberg-Gleichen, Im Wiesental 1
Telefon (0 56 03) 9 30 50
www.wartberg-verlag.de
ISBN: 978-3-8313-1964-0

Inhalt

Vorwort

FÜR DIE KARLSRUHER steht fest: Es gibt unsympathische und symbadische Leut'. Die Fächerstadt, die so gern badische Landeshauptstadt war, ist ausschließlich symbadisch!

Die Geschichten und Anekdoten führen in die 50er-, 60er- und 70er-Jahre des vorigen Jahrhunderts, in die Zeit des Wiederaufbaus und des Wirtschaftswunders. Das Modehaus Schöpf, das in der Bombennacht völlig zerstört worden war, blühte dank der Therapiewochen wieder auf. Neben dem Medizinerkongress sorgten die Bambi-Verleihungen für Glanz und Rummel. Die Kinos waren voll, der KSC bekam ein neues Stadion und eine Symbolfigur, die weit über Karlsruhe hinaus bis heute als Treffpunkt gilt. Die Bundesgartenschau veränderte die Innenstadt und die Karlsruher Straßenbahnen starteten ihren Siegeszug ins Umland.

Die Geschichten sind keine Nachzeichnung historischer Ereignisse, sondern Erzählungen. Sie zeigen eine ganz persönliche Sicht. Ich durfte Gast in manchem Wohnzimmer sein und habe Dinge erfahren, die mich sehr berührten. Ich traf mich mit älteren Damen und Herren, die sich gegenseitig die Bälle zuwarfen und sich plötzlich wieder an Kleinigkeiten erinnerten, die lange verschüttet lagen. Alle meine Geschichtenerzähler vergaßen nie, den Bogen zum Heute zu schlagen. Manchmal geschah das mit Wehmut, manchmal auch erleichtert. Ihnen allen ist es zu verdanken, dass dieses Büchlein Karlsruhe den Stellenwert einräumt, der ihm gebührt: als sympathische Stadt zwischen Schwarzwald und Rhein.

Ursula Degen

Briganten und Beamte

FAST UNBESCHADET hat er den Zweiten Weltkrieg überstanden. Ende der 50er-Jahre waren seine kleinen Blessuren restauriert und er konnte wieder auf dem Rathausturm thronen. Der umtriebige Bursche jobbt als Bote, ist zuständig für Handel und Gewerbe, aber zugleich auch für Gauner und Diebe. Er hilft dem Zufall auf die Sprünge und führt Verirrte auf den richtigen Weg zurück. Die Rede ist vom römischen Gott Merkur, der wohlwollend auf das Stadtzentrum von Karlsruhe schaut.

Ihm mag es gefallen, dass die Karlsruher Briganten heißen. Im Italienisch-Wörterbuch steht unter „Brigante": Singular, männlich. Aufwiegler, Straßenräuber, aber auch Lebemann.

Da Götter allwissend sind, kennt Merkur selbstverständlich auch Karlsruhes Ruf als ruhige, um nicht zu sagen verschlafene Beamtenstadt, die obendrein das Etikett „Residenz des Rechts" ziert. Bei Jupiter, wie passen Briganten und Beamte in der Rechtsresidenz zusammen?

Als 1715 Markgraf Karl-Wilhelm von Baden-Durlach sein Carols-Ruhe bauen ließ, kamen zuerst die Briganten. Das waren Bauarbeiter aus Kalabrien, die den achteckigen Schlossturm, das Zentrum des neuen Jagd- und Lustschlosses, errichteten. Diese Gastarbeiter wurden von den Durlachern „Brigantis" genannt. Sie hielten sie für Spitzbuben und ließen sie außerhalb der zukünftigen Stadt, im „Dörfle", wohnen. Karlsruhe wuchs, wurde Residenz der Markgrafschaft, dann des Kurfürstentums Baden. Das „Dörfle" wurde 1812 eingemeindet. Mit ihm ging der Name „Briganten" auf alle Bewohner der jetzt großherzoglich badischen Haupt- und Residenzstadt über. Damit waren auch die zahlreichen Beamten, die eine Regierungszentrale mit sich bringt, Briganten. Merkur tauchte erstmals 1825 auf, als in Anwesenheit des Hofstaates das neue Rathaus eingeweiht wurde.

1945 wurden die Karten neu gemischt. Nordbaden und Nordwürttemberg kamen unter amerikanische, Südbaden und Württemberg-Hohenzollern unter französische Besatzung. Politisches Ziel war die Bildung eines Südweststaats mit Zentrum in Stuttgart. Bei der Volksabstimmung war zwar die Mehrheit der badischen Bevölkerung gegen die Verschmelzung, doch insgesamt genügte das nicht, um das neue Land Baden-Württemberg zu verhindern. Es gibt viele Abhandlungen darüber, wer wie getrickst hat, wie Abstimmungsmodi entwickelt und verworfen wurden, nur um zu erreichen, dass am 25. April 1952 das neue Bundesland gebildet werden konnte. Für Karlsruhe war das ein schwarzer Tag, denn die Zeit als Landeshauptstadt war damit endgültig vorbei.

Als Trostpflaster wurde Karlsruhe Residenz des Rechts. Oberbürgermeister Friedrich Töpper machte sich bereits 1949 in Bonn für die Ansiedlung von Bundesbehörden stark. Er hatte Erfolg. Der Zuschlag für den Bundesgerichtshof, die höchste Instanz für Straf- und Zivilsachen, und für die Bundesanwaltschaft, den höchsten Ankläger, ging nach Karlsruhe. 1951 wurde das Bundesverfassungsgericht gegründet. Auch das höchste Gericht kam hierher. So blieb Karlsruhe Beamtenstadt und erhielt erneut einen Residenztitel.

Dass die Karlsruher nach wie vor Badener sind, ist sonnenklar. Und hier wohnen auch nur symbadische Leut'. Dennoch spricht der Karlsruher nicht badisch, weil es badisch genau genommen nicht gibt. Die Badener im Norden „redde kurpälzisch", die Badener im Süden „schwätzet alemannisch" und der Karlsruher „dud brigandisch babble". Dieses „Brigandendeutsch" ist vermutlich das Resultat des Dialektgewirrs jener

Merkur auf dem Rathausturm.

Neubürger, die dem Aufruf Markgraf Karl-Wilhelms gefolgt waren. Er lockte sie mit einem Privilegienbrief aus dem Elsass, der Schweiz und den angrenzenden Ländern des damaligen Reiches in seine neu zu gründende Stadt. Weitreichende Freiheitsrechte gewährte er ihnen, schenkte ihnen ein Grundstück und 20 Jahre Steuerbefreiung. Dafür sollten sie sich entlang der fächerförmig vom Schloss ausgehenden Straßen ansiedeln. Schon dem Markgrafen lag das Recht am Herzen: Er richtete für die ersten Karlsruher eine eigene Gerichtsbarkeit ein und versprach ihnen eine schnell handelnde und unparteiische Justiz.

Karlsruherisch oder Brigandisch ist einzigartig, wenn auch nicht einheitlich. Denn von Daxlanden bis Durlach gibt es feine Nuancen in der Aussprache und unterschiedliche Schreibweisen. Aber überall klingt es weich und breit, Pardon: „waich un braid". Der klassische Testsatz, mit dem man prüfen kann, ob sich ein Fremder als „Brigand" fühlen darf, lautet: „Zwaai waaiche Aaier in aainer raai".

Längst haben sich die Karlsruher mit ihrem Spitznamen angefreundet, aber nicht jeder darf ihn verwenden. So mochten die Karlsruher den „Brigantenbrunnen" am Ettlinger Tor gar nicht und auch der anonyme Spender wollte ihn nicht mehr finanzieren. Die sieben Jungs, „uff brigandisch: Buwe", die den Brunnen zieren, werden in unanständiger Weise gezeigt. Die Karlsruher nennen das Kunstwerk von Gudrun Schreiner daher lieber Pinkelbrunnen. Keinen Proteststurm gab es gegen das „Brigandefeschd", bei dem es unter den Augen Merkurs „ebbes zum schbachtle" gibt. Denn „feschdle dun mer alle gern".

Sand im Kulturgetriebe

SIE WAREN eine Clique von 20 jungen Männern, die sich in der evangelischen Jugendarbeit engagierten. Mitte der 50er-Jahre war das nichts Besonderes. Was diese jungen Männer besonders machte, war ihre Leidenschaft fürs Theater. Sie wollten spielen, sie wollten ihre eigene Bühne. Also gründeten sie am 17. Februar 1956 einen Verein und zogen in den Keller der Lukasgemeinde in der Hagenstraße. Ihr Kopf war Siegfried Kreiner, der die Truppe bis heute zusammen- und auf Trab hält.

Drei Jahre später brachte ein Stück von Rudolf Otto Wiemer die Initialzündung für den richtigen Namen. „Fangt mit dem Sandkorn an" spielten sie und nannten sich fortan Sandkorn-Kellertheater. Die Fortsetzung des Titelzitats schien ihnen ein geeignetes Motto für ihre Theaterarbeit: „Fangt mit dem Sandkorn an, wenn ihr den Berg haben wollt, denn ohne das Sandkorn wächst kein Berg." Aus den 20 Sandkörnern der Anfangszeit sind mit den Jahren etwa 250 geworden, die sich auf und hinter der Bühne engagierten. Einige von ihnen haben den Absprung gewagt und eine Schauspiel- oder Regieausbildung gemacht. Ehemalige Sandkörner sind im Fernsehen und auf großen Bühnen zu sehen.

Wer in den Anfangszeiten ein Sandkorn sein wollte, musste alles können. Sie bauten und bastelten eigenhändig die Requisiten, sie führten selbst Regie und sie waren Darsteller. Dass es auch zu unfreiwillig komischen Szenen kam, mussten sie 1960 mit ihrem Stück „Ein Mensch wie Hiob" von Hans-Ludwig Geiger erfahren. Der Beleuchter, der die umgebauten Autoscheinwerfer hielt, krachte just in dem Moment mit dem wackeligen Tisch zusammen, als auf der Bühne „Der Herr hat's gegeben, der Herr hat's genommen"

Vor dem Kellertheater in der Hagenstraße.

rezitiert wurde. Selbstverständlich wurde das Stück höchst professionell zu Ende gespielt. Der Beleuchter – heute ist er ein bekannter Regisseur – hatte zwar ein paar blaue Flecken, doch dem Erfolg des Stückes tat es keinen Abbruch.

Obwohl aus einer evangelischen Spielschar hervorgegangen und in einer evangelischen Gemeinde beheimatet, wollten sie nicht nur gottesfürchtige Stücke aufführen, sondern auch Sand im Kulturgetriebe sein. 1963 spielten sie erstmals ihr Weihnachtskabarett „Süßer die Glocken nicht klingen", das eine andere Art von Besinnung in die besinnliche Zeit brachte. Die eigenen Texte waren frech, politisch und kritisch. Als Zielgruppe für ihren Spott hatten sie sich Karlsruhes Lokalpolitiker ausgesucht. Das kam so gut an, dass sie bis heute jedes Jahr ein Weihnachtskabarett schreiben und aufführen. Heute zielen die Schüsse schon mal nach Stuttgart und Berlin.

In den 60er-Jahren war es Mode, dass Schauspieler im Publikum saßen oder von hinten einmarschierten. Als die Sandkörner das Stück „Die Zauberin" von Manfred Hausmann gaben, war eine bekannte Persönlichkeit aus der Landespolitik im Zuschauerraum. Zufällig und unerkannt saß neben ihm ein Schauspieler. Als der Darsteller dann seinen Auftritt hatte, wollte ihn besagter Politiker zurückhalten und meinte: „Bleiben Sie sitzen, es geht gleich los." Im Publikum erkannten sicher nicht alle, dass die Politikereinlage überhaupt nicht zum Stück gehörte.

Mit Vielfalt im Spielplan hatte sich das Amateurtheater schnell einen Namen gemacht und viele Bewunderer und Förderer gefunden. Einer von ihnen war Ernst Benda, der in den Jahren des RAF-Terrors Präsident des Bundesverfassungsgerichts war. Trotz Sicherheitsbedenken besuchte er häufig die Aufführungen, was dann die ganze Gegend wusste – nicht nur, weil seine zwei Bodyguards das Stück anschauen mussten, sondern auch, weil draußen gepanzerte Limousinen mit eingeschaltetem Blaulicht warteten.

Bald waren die fleißigen Amateure über die Grenzen der Fächerstadt hinaus bekannt. Von einem Gastspiel brachte Kreiner sein Markenzeichen mit. 1968 hatte sich das Sandkorn beim Interdrama, dem Treffen von Jugend-Amateurtheatern in Berlin, für das Gastspiel „Die Polizei" von Slawomir Mrozek entschieden. Kreiner musste sich dazu einen Seemannsbart ankleben. Seine Haut juckte und kratzte, deshalb entschied er, den Bart wachsen zu lassen. Egal, in welchem Stück Kreiner zukünftig auftrat, er trug immer diesen Bart. Das ist bis heute so geblieben, wenn der Bart auch längst ergraut ist.

Trotz Ruhm und Anerkennung flatterte den Theaterleuten eines Tages die Kündigung ins Haus. Sie mussten binnen Jahresfrist ihren Keller räumen. Die Pfarrersfamilie fühlte sich in ihrer Nachtruhe gestört, wenn die zahlreichen Theaterbesucher laut diskutierend auf die Straße traten und Türen knallend in ihre Autos stiegen.

Die neue Spielstätte sollte eine Fabrik sein, denn die Sandkörner hatten Blut geleckt. Sie waren mit der Bauern-Oper von Yaak Karsunke in einer Werkstatt aufgetreten und das Experiment war geglückt. Warum nicht das ehemalige Turbinenwerk der Stadtwerke Karlsruhe zur Spielstätte machen? Das marode Gebäude am Mühlburger Tor, das als Lkw-Werkstatt diente, sollte abgerissen werden. In einer äußerst knappen Abstimmung votierte der Gemeinderat für den Erhalt und für das Sandkorn-Theater als neuen Mieter. Die Unterstützung war allerdings halbherzig, denn der Mietvertrag lief nur auf drei Monate – vermutlich in der Hoffnung, dass den Sandkörnern die Puste ausgehen würde. Längst zum Berg angewachsen, schafften es die vielen

Der Chef in Aktion:
Siegfried Kreiner mit echtem Bart.

Ehrenamtlichen, die Halle tatsächlich bespielbar zu machen. Noch heute zeugen von diesem Kraftakt leicht schräge Wände. Kreiner fügt schmunzelnd hinzu, dass der alte Sandsteinbau trotzdem nicht einstürzen werde. Nach zwei Mietvertragsverlängerungen mit ähnlich kurzen Fristen waren die „Spielchen" überstanden. Die Halle wurde von Berufshandwerkern in zwei

Spielstätten umgebaut, in das Studiotheater, das für 100 Zuschauer Platz bietet, und das Fabriktheater, das 150 Sitzplätze zählt.

Längst ist das Sandkorn-Theater eine professionelle Kleinbühne, die finanzielle Unterstützung von der Stadt Karlsruhe und vom Land Baden-Württemberg erhält. Es beschäftigt neun fest angestellte Schauspielerinnen und Schauspieler sowie sieben Gäste und zwei Dramaturgen. Das Theater ist Ausbildungsbetrieb und ermöglicht vier jungen Menschen, den Beruf des Veranstaltungstechnikers zu erlernen. Intendant ist Siegfried Kreiner.

Nur im Jugendclub ist heute noch Raum für Amateure. Denn auch heute sollen sich Jugendliche auf den Brettern, die die Welt bedeuten, ausprobieren dürfen. Das ist Kreiner, dem studierten Pädagogen und Psychologen, eine Herzensangelegenheit. Jedes Jahr findet sich im Oktober eine Schar begabter Jugendlicher, die eine Produktion auf die Beine stellt. Im März kommt das Stück zur Aufführung. Dann löst sich die Gruppe auf, damit sich eine neue finden kann, die sich ein eigenes Projekt erarbeitet.

Hoch zu Ross

FAMILIE HAAG durfte die erste private Reitschule nach dem Zweiten Weltkrieg in Karlsruhe wiedereröffnen. Sie pachtete von der amerikanischen Besatzungsmacht das Reithaus und die Stallungen der ehemaligen Telegrafenkaserne. Zunächst mit Erfolg, denn es fanden genügend Schülerinnen und Schüler den Weg in die Nordweststadt. Aber nach der Währungsreform fehlte es an allem. Um zu überleben, vermietete die Familie die Pferde für Hochzeits- und andere Kutschfahrten und ließen sie überall weiden, wo Gras wuchs. Dennoch kam das Aus. Tochter Edith und ihrem Mann Fritz Knippenberg, dem späteren Sportjournalisten, war es nicht mehr möglich, die Stallungen zu halten. Sie gaben eine Anzeige auf.

Egon von Neindorff hatte sich etwa zur selben Zeit mit seinen Pferden in den Westen durchgeschlagen und war in Lörrach gelandet. Er organisierte Grenzlandturniere für Schweizer und Franzosen und erteilte Reitunterricht. Seine Schülerinnen und Schüler kamen vornehmlich aus der nahe gelegenen Schweiz. Es gab weder Reitplatz noch Reithalle und er musste seine Reitstunden im freien Gelände anbieten. Kein Zustand, der von Dauer sein konnte. Er studierte Zeitungsanzeigen.

Die Annonce der Haags interessierte ihn und er fuhr nach Karlsruhe. Er wird, ähnlich wie heutige Besucher, den Atem angehalten haben: Was er sah, war ein riesiger Buntsandsteinbau, die Wände durchbrochen mit meterhohen Bogenfenstern, in der Halle einen offenen Dachstuhl mit Trägern aus Holz. Egon von Neindorff hatte gefunden, was er gesucht hatte.

Deutschland lag zwar noch in Schutt und Asche, doch der Reitmeister aus Sachsen glaubte an bessere Zeiten und an den Zauber seiner Passion. Er pachtete das Gelände, obwohl im hinteren Teil der Stallungen noch ein Getränkehandel und ein Handwerksbetrieb untergebracht waren.

Der Reitmeister in der Halle.

Er zog mit dem Zug um. Am Westbahnhof angekommen, packte er seine ganze Habe auf die mitgeführte Kutsche, spannte seine Pferde davor und fuhr in sein neues Domizil. Er gründete das Reitinstitut Egon von Neindorff, das sich allein der Ausbildung von Ross und Reiter nach klassischen Grundsätzen widmen sollte – ein großes Wagnis.

Es gab viel zu tun. Ein Bunker musste abgerissen werden, damit der Reitplatz nach und nach hergerichtet werden konnte. Die junge Institution fand in einem deutschen Oberst, der für die Amerikaner arbeitete, einen engagierten Fürsprecher. Er sorgte für mobile Tribünen aus amerikanischen Beständen, die bei Vorführungen aufgebaut wurden. Wenn es bei Herbstveranstaltungen kalt war, brachten die Militärs tragbare Koksöfen. Zwar hatten es die Zuschauer dann mollig warm, doch verbreiteten die Bulleröfen in der Halle soviel Rauch, dass die Pferde und die Vorführungen nur schemenhaft wahrnehmbar waren.

Die Zeit der Provisorien ging vorüber. 1954 gab von Neindorff seine erfolgreiche Karriere als Turnierreiter auf und widmete sich ausschließlich dem Institut. Ein Jahr später wurde die „Gesellschaft zur Förderung der höheren Reitkunst" gegründet. Karlsruhe wurde von der Lokal- und Fachpresse in einem Atemzug mit der Spanischen Hofreitschule genannt.

Dass es zwischen Wien und Karlsruhe große Unterschiede gab, konnten die Zuschauer bei den öffentlichen Festveranstaltungen erleben, die seit 1955 zweimal jährlich stattfanden. Während es in Wien nur Lipizzaner und männliche Ausbilder, im Fachjargon Bereiter, gab, erfreute von Neindorff sein Publikum mit unterschiedlichen Pferderassen, die von Reitern männlichen und weiblichen Geschlechts geschult worden waren. An diesen Festabenden erlebten pferdebegeisterte Karlsruher live, was sich im Reitinstitut tat.

In bunter Reihe in Reih und Glied.

Die Pferde traten nach ihren Farben auf: Zuerst bunt gemischt, dann nur die Rappen und zum Schluss die weißen Lipizzaner mit der Dressurquadrille, dem Höhepunkt der Veranstaltung. Alles in Perfektion und das, obwohl alle Bereiterinnen und Bereiter sich ihr Können nur in ihrer Freizeit aneigneten. Das war ein weiterer bemerkenswerter Unterschied zur Hofreitschule in Wien, die nur Berufsreiter in die Halle schickte.

Ob Pferde eitel sind, weiß niemand mit Sicherheit zu sagen. Wenn sie mit ihren Reitern die Halle queren, verweilt keines vor dem großen Spiegel, der zur Kontrolle von Haltung und Ausführung der Figuren an der Längswand angebracht ist. Doch als der Spiegel einmal beschlagen war, blieben die Pferde irritiert davor stehen, erinnert sich Ursel Hoss, Vorsitzende des Vereins zur Förderung und Erhaltung der klassischen Reitkunst im Sinne des Reitinstituts von Neindorff e.V.

Mit der Zeit kamen und gingen sehr viele Pferde. Von Neindorff hatte immer wieder welche geschenkt bekommen, die ihre Besitzer als schwierig empfanden. Für den Meister war das kein Problem. Er wohnte sogar in seinem Institut, um 24 Stunden für seine Tiere da sein zu können. An lauen Sommerabenden saß er im Schatten der großen Linde, die mitten im Hof steht. Er plauderte mit Schülern und Gästen, trank zur Entspannung ein Gläschen Wein oder, wie sich Dr. Stefan Wachtarz, einer der Stiftungsvorstände, erinnert, den „fürchterlichen Topinambur-Schnaps".

Noch zu Lebzeiten von Neindorffs war die Einrichtung in die Egon von Neindorff-Stiftung überführt worden. Als er 2004 starb, hinterließ er nicht nur seinen Namen und seine Pferde: Nach wie vor wird hier Reitkunst nach seinen Maximen gelehrt. Über ihn wird nur in tiefer Ehrfurcht und mit großer Bewunderung gesprochen. Sogar ein kleines Museum wurde eingerichtet, wo Fotos und sein Stammbaum an der Wand hängen, denn die von Neindorffs gehören zum alten Adel. Sein Sattel, sein Jackett sind ausgestellt und in einer langen Liste sind alle seine Pferde aufgeführt. Reitinstitut und kleines Museum sind Teil eines der Touristenrundgänge der Stadt Karlsruhe. Und nicht nur am „Tag des offenen Denkmals" kann die Reithalle mit den „Stephanschen Dachbindern" von jedermann bewundert werden.

Gut behütet

TRUDEL GRUBER geht nie ohne Kopfbedeckung auf die Straße. Tut sie das deshalb, weil sie im kalten Monat November 1919 geboren und so schon früh an den Hut gewöhnt wurde? Weit gefehlt! Trudel Gruber ist Modistin und betreibt den ältesten Hut-Salon in Karlsruhe. Eine Modistin oder Putzmacherin macht ausschließlich Damenhüte, im Unterschied zu einer Hutmacherin, die für Männerköpfe zuständig ist.

Nachdem Trudel Gruber ihre Lehre absolviert und ihren Meister gemacht hatte, stand auf ihrer Lebensplanung alles andere als ein eigenes Geschäft. Das änderte sich, als ihr auf einer Hut- und Modemesse der Hut-Salon am Werderplatz 25 angeboten wurde. Zumindest prüfen wollte sie die Offerte und ließ sich für ein Jahr von der Eigentümerin anstellen. Danach war sie überzeugt und entschied sich, 1951 das Ladengeschäft mit der Werkstatt zu kaufen und die zwei Mitarbeiterinnen zu übernehmen. So kurz nach der Währungsreform hatte sie noch kein finanzielles Polster bilden können und zahlte daher der Vorbesitzerin eine monatliche Rente, bis der vereinbarte Geschäftswert abbezahlt war.

In den 50er- und 60er-Jahren ging keine Frau, die etwas auf sich hielt, ohne Hut aus dem Haus. Da die Hüte zudem stark der Mode unterworfen waren, gab es in der kleinen Werkstatt immer viel zu tun. Bisweilen waren bis zu 100 Hüte umzuändern, enger oder weiter zu machen, dem neuesten Chic anzupassen. In Spitzenzeiten beschäftigte Trudel Gruber sieben Mitarbeiterinnen und bildete Lehrlinge aus.

Wenn eine Frau sich einen Hut kaufen wollte, dann machte das am meisten Spaß, wenn die beste Freundin sie begleitete. Sie probierten um die Wette, drehten sich vor dem Spiegel, lachten viel und hatten dann doch nicht den Mut für das ausgefallene Modell. Es gab aber

Bunte Vielfalt und große Auswahl.

auch andere, die sich für ein Modell entschieden, in das sie sich zwar verliebt hatten, das ihnen aber nicht gut stand. Dann versuchte Trudel Gruber behutsam, die Kundin auf den rechten Weg zu bringen: „Ich habe Sie nun ausführlich beraten, aber dazu würde ich Ihnen nicht raten." Und nach einer kleinen Pause fügte sie hinzu: „Aber das letzte Wort haben natürlich Sie!" In solchen Fällen geriet sie in inneren Zwiespalt. Natürlich wollte sie etwas verkaufen, aber ihre Kundinnen sollten ihren Laden auch mit einer passenden Kopfbedeckung verlassen.

Wer trotz des vielfältigen Angebots nichts fand, bekam einen Wunschhut gemacht. Der Stumpen, ein Filzstück, das einem Schlapphut ähnlich sieht, wurde über eine Kopfform aus Holz oder Gips gestülpt, dann mit feuchten Tüchern umhüllt und mit dem heißen Bügeleisen zurechtgezogen. Auch die Krempe musste feucht und heiß in Form gebracht werden. Das brauchte viel Gefühl und Vorsicht, da der Filz nicht reißen durfte. Im Sommer trug die Dame Strohhut, der auch individuell gefertigt werden konnte. Diese Rohlinge waren weit schwieriger zu bearbeiten, weil Stroh weniger elastisch ist als Filz. Trudel Gruber und ihre Damen beherrschten beides perfekt. Damit ihre Hüte angenehm zu tragen waren, wurden sie innen gefüttert. Jeder selbst gefertigte Hut war einzigartig, denn jeder Hut wurde anders „garniert", mal mit Blumen, mal mit Seidenbändern oder sonstigen hübschen Accessoires.

Hüte, groß wie Wagenräder, sind bis heute auf allen Pferderennbahnen zu sehen, so auch im nahen Iffezheim. Der Wunsch nach Exklusivität und Raffinesse führte die Damen der besseren Gesellschaft in den Hut-Salon in der Südstadt. Die Renner waren große Rundhüte aus Seide, deren Krempe mit Blütengarnitur oder Schleier versehen waren. Heute können sich mo-

Der Hutladen am Werderplatz.

debewusste Besucherinnen für die Rennwochen einen Hut leihen.

Als Trudel Gruber das Geschäft übernahm, war der Werderplatz ein blühendes Einkaufszentrum und die Anwohnerinnen und Geschäftsleute kamen gern in ihren Hut-Salon. Es gab ein Warenhaus, einen Geschirrladen, eine Metzgerei und einen Bäcker. Obst, Gemüse und Kräuter auf dem großen Markt dufteten um die Wette. Der Indianerbrunnen, Wahrzeichen der Südstadt, war mit Blumenkästen geschmückt.

Heute ist die Südstadt der Stadtteil mit dem größten Ausländeranteil und sein Multikulti-Flair gibt ihm einen völlig neuen Charakter. Der Markt ist auf wenige Stände geschrumpft, die alten Geschäfte sind verschwunden und durch türkische oder italienische ersetzt. Für Trudel Gruber bedeutet das weniger Kundschaft und keine Mitarbeiterin mehr.

Heute verkauft oder ändert sie immer noch Hüte. Sie ist jeden Tag in ihrem Geschäft, denn die Arbeit ist ihr Lebenselixier. Ihr ganzes Leben war geprägt durch innere Kommandos, die mit „Du musst" oder „Du darfst nicht" anfingen, sie kennt weder einen Achtstundentag noch die Fünftagewoche. Der Hut ist für sie ein kulturelles Muss. Barhäuptige Frauen und Mädchen versagen sich nicht nur ein Stück Schönheit, sie liefern sich auch der Unbill des Wetters aus. Nach ihrer Meinung, die sie resolut vertritt, gehört jeder Kopf im Winter gewärmt und im Sommer vor Hitze geschützt.

Weiße und goldene Rehe

ES WAR EINMAL ein Rehkitz, weiß und aus Keramik, das die Majolika-Manufaktur nach einem Entwurf von Else Bach 22 Jahre lang ohne großes Aufheben herstellte. In Amerika verfilmte Walt Disney die Geschichte eines kleinen Rehbocks, der seine Mami verloren hatte. Die Zeichentrickfigur rührte mit ihren großen traurigen Augen vor allem die Herzen kleiner Mädchen.

Es war einmal ein Verleger, Chef der Neuen Verlagsanstalt in Baden-Baden, der die Kinozeitung Film-Revue herausgab. Er hieß Heinrich Heining und hatte 1948 eine zündende Idee: Er ließ seine Leserinnen und Leser abstimmen, wer die besten Filmschauspielerinnen und -schauspieler des Jahres waren. Damit die Gewinner auch ein sichtbares Zeichen der Ehre zu Hause aufstellen konnten, schenkte er ihnen jene namenlose weiße Keramikfigur. Die erste Preisträgerin war Marika Rökk. Sie hatte eine Tochter, gerade vier Jahre alt und den Kopf voller Bambi-Geschichten. Die Kleine soll beim Anblick des Preis-Rehs entzückt ausgerufen haben: „Das ist ein Bambi!" Damit war die Trophäe getauft. Die nächsten sechs Jahre war die Bambi-Verleihung eher eine Geheimaktion. Harald Gloth, Chefredakteur der Film-Revue, packte das Kitz in seine Aktentasche und brachte es den Gewinnern nach Hause oder, wenn sie bei der Premiere ihres neuesten Films anwesend waren, überreichte er es im Kino.

Dass Karlsruhe für einige Jahre im Glanz von Weltstars stehen sollte, ist auch Gudrun Gloth, damals noch Fräulein Ernst, zu verdanken. Sie lebt heute in Berlin und erinnert sich gut an ihre Jahre als Jungredakteurin bei der Film-Revue. 1954 übernahm der Karlsruher Verleger Karl Fritz das Blatt samt Verlag, der dann Neue Verlagsgesellschaft hieß, und den Bambi-Preis. Fritz, Chefredakteur Gloth und Gudrun Ernst

Rosensträuße für die Weltstars.

schwebte Großes vor. Rauchend und schwarzen Kaffee
trinkend, diskutierten sie in der Redaktion Gloths Idee,
wie es gelingen könnte, internationale Filmgrößen in
die Fächerstadt zu locken. Das Ergebnis war ein von
Karl Fritz großzügig finanziertes Fest. 1955 lud er zur
ersten öffentlichen Bambi-Verleihung ins Konzerthaus
– und tatsächlich, alle, alle kamen.

So etwa auch Inge Müller, Enkelin des Kinopioniers
Otto Alban Kasper, die ihre Mutter Emy Kasper, Be-
sitzerin des „Pali", begleitete. Denn Kinobesitzer waren wichtig, sollten doch die aktuellen Filme der Bam-
bi-Gewinner in deren Kinos laufen. Inge Müller hatte

von ihrer Mutter eine weiße Angora-Stola geschenkt bekommen. Sie saß neben Willy Hauser, einem bedeutenden Kinobesitzer der damaligen Zeit, und bemerkte zu spät, was sich da anbahnte. Er war ebenfalls festlich gekleidet, sprich: Er trug den obligatorischen schwarzen Anzug. Bis heute weiß sie nicht, wie er es geschafft hat, die vielen Fussel von ihrer Angora-Stola wieder loszuwerden, ehe er zum Empfang ging. Sie hat sich so sehr geniert, dass sie sich nicht einmal zu entschuldigen vermochte.

Für die Stars gab es buchstäblich einen großen Bahnhof, denn die meisten kamen mit dem Zug. Hinter der Absperrung jubelten die Leute ihren Kinolieblingen zu und säumten die Straße, wenn diese im offenen Wagen zu den besten Hotels der Stadt fuhren. Auch da standen Karlsruher und riefen so lange nach ihren Idolen, bis sie sich am Fenster zeigten.

Am Vorabend der Verleihung waren Redaktion und Stars unter sich. Eine weiße Mercedesflotte brachte sie nach Daxlanden in die „Künstlerkneipe", wo ihnen Trachtenmädchen badische Weine und Spezialitäten servierten. Dort saßen sie dicht bei dicht. Sophia Loren neben Bernhard Wicki, Ingrid Bergman neben Dieter Borsche und Rock Hudson ließ sich von Ruth Leuwerik das Neuste aus der deutschen Kinolandschaft erklären. Harald Gloth konnte zufrieden sein.

Der „badische Abend" ging erst am Morgen zu Ende. Am Vormittag mussten die Gäste wieder fit sein. Oberbürgermeister Günther Klotz lud zum Empfang ins Rathaus, während draußen die Massen darauf warteten, dass die Stars endlich auf den Rathausbalkon hinaustraten.

Schon im zweiten Jahr fand der eigentliche Festakt in der Schwarzwaldhalle statt, die in einem Meer aus Blumengebinden und Blumengestecken versank. Die floristischen Kunstwerke schuf das erste Haus am Platz, Blumen Brehm in der Kaiserstraße. Die Karlsruher kannten und liebten dieses Geschäft. Auch die Preisträger und geladenen Schauspieler sollten die Brehms nie vergessen. Sie banden für jede Leinwandgröße, die der Einladung gefolgt war, einen riesigen Rosenstrauß.

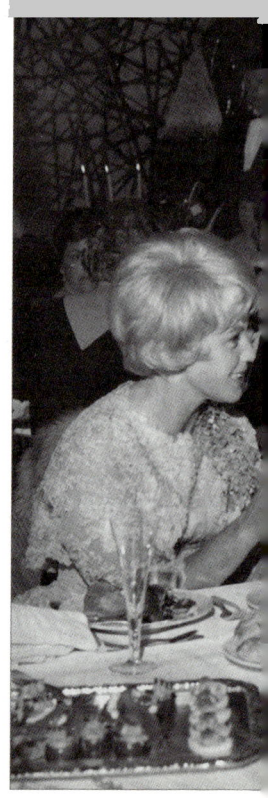

Und draußen standen wieder die Karlsruher und warteten. Denn nicht nur Autogramme, auch Souvenirs jeder Art waren höchst begehrt. So fehlte nach dem Spießrutenlaufen durch die Menge an manchem Smoking ein Knopf. Zur rauschenden Ballnacht, die in einer einzigartigen Kulisse spielte, ging es in die Nancyhalle. Filmarchitekt Reiber, Carolin Reibers Vater, hatte eine Bar in Gold und Rot geschaffen, die Wände über und über mit Filmplakaten drapiert. Schauspieler, Stadtobere, Filmverleiher und Verlagsteam tanzten bis ins Morgengrauen. „Es war wunderschön", schwärmt Gudrun Gloth, „aber am Montag danach waren wir total erschöpft!" Natürlich war an eine Pause nicht zu denken, schließlich stand eine wichtige Ausgabe der Film-Revue an.

Bei einem Empfang im Schlosshotel war Rock Hudson ein begehrtes Bildmotiv der Pressefotografen. Er überragte alle und entdeckte im Blitzlichtgewitter ein hübsches Mädchen. „Please, a picture with this girl", wünschte er und sofort richteten sich alle Kameras auf Melitta Schöpf, die Tochter vom Modehaus Schöpf. Sie begleitete ihre Mutter, die in ihrer Funktion als Stadträtin zugegen war. Melitta weigerte sich standhaft, sich mit dem Hollywoodstar fotografieren zu lassen. Alle waren sprachlos, wie jemand diese Ehre ablehnen konnte. Doch Melitta hatte einen triftigen Grund: Sie ging auf das humanistische Jungengymna-

Das Ehepaar Gloth (rechts) im Gespräch mit Maria Schell.

sium. Ein Bild in der Zeitung an der Seite von Rock Hudson hätte sie beißendem Spott ausgesetzt. Sie wollte lieber in Ruhe weiterlernen, als den kurzen Moment des Ruhmes genießen.

Rock Hudson gehörte zu den Ersten, die kein weißes Keramik-Reh mehr bekommen haben. 1958 verwandelte der Bildhauer Emil Sutor die zerbrechliche Figur in ein stabiles Bronze-Reh, das mit achtzehn Karat vergoldet wurde. Ein Jahr später bekam das Goldreh eine Silberschwester. Inzwischen hatte Karl Fritz das Film-Journal gekauft, das jüngere Leser ansprach. Gudrun Ernst, nun Frau Gloth, war die Chefredakteurin und ließ über die Nachwuchsstars abstimmen. Die Ersten, denen die Ehre des silbernen Bambis zuteilwurde, waren Sabine Sinjen und Hansjörg Felmy.

1960 ging das Film-Journal in der Film-Revue auf. Die Filmfachzeitung wurde von der Doppelchefredaktion Gudrun und Harald Gloth geleitet, die noch viermal der Fächerstadt Starglanz bescherten. Ab 1964 war in Karlsruhe Schluss. Senator Franz Burda hatte die Film-Revue und damit den Medienpreis Bambi gekauft. Er ließ das Reh durch die Republik touren.

Zum 50-Jährigen, das war 1988, machte das Spektakel noch einmal Station in der Fächerstadt. Längst war aus dem feinen Filmpreis eine Medienshow geworden, längst wurden nicht nur Kinostars, sondern auch Fernsehleute, Sportgrößen und bekannte Persönlichkeiten ausgezeichnet. Auch wenn inzwischen die Skulptur von einem renommierten Uhrenhersteller „veredelt" worden ist, so erinnert sie doch noch immer an das scheue Reh von damals.

Der Nackte Mann

„WENN MER UNS verliere dun, Bu, dann gehschd zum Nackte Mann", sagt der besorgte Vater ohne Hintergedanken zu seinem kleinen Sohn. Im Fall des Falles wird der Junge dort nicht allein sein. Groß, schlank und völlig nackt steht er seit Jahrzehnten vor dem Haupteingang des Wildparkstadions und ist nicht nur ein Treffpunkt für verloren gegangene Sprösslinge. Wenn die blauweißen Heerscharen zu den Heimspielen des KSC durch den Schlosspark ziehen, weiß zwar jeder, wo der Nackte Mann steht. Doch wer ihn kreiert hat, seit wann es ihn gibt und warum er da steht, ist weitgehend unbekannt.

Es war im Sommer 1961, als plötzlich eine Steinstatue vor dem Stadioneingang prangte. Einigen Schlachtenbummlern fiel die Figur gar nicht auf, andere haben sie neugierig beäugt und sich gefragt, wen sie wohl darstellen mag. Zumindest für die Anhänger von Heinz Beck war das Rätsel scheinbar schnell gelöst. Just zur selben Zeit schied nämlich der Kopfball-Spezialist und Torjäger des KSC aus dem aktiven Sportlerleben aus. Beck war ebenfalls groß, dünn und schlaksig. Und so verbreitete sich unter den KSC-Anhängern der etwas respektlose Name „Schlotter-Beck" für den Mann auf dem Steinsockel.

Beck selbst hätte seinen Spitznamen vermutlich gern mit dem des Steinmannes getauscht, denn seine Mannschaftskameraden nannten ihn „Großmutter", weil er aufgrund seiner Länge etwas langsam war. Doch wenn es das Tor zu treffen galt, war er keineswegs so, wie sein Spitzname vermuten ließ. Immerhin hat er in den neun Jahren Vereinszugehörigkeit 114 Tore geschossen.

„Schlotter-Beck" war nicht der einzige Name, den der lange dürre Steinknabe bekommen sollte, denn auch die Spieler spekulierten, wen die Statue wohl

Der Nackte Mann ist der Treffpunkt schlechthin.

darstellte. Sie mutmaßten, dass dem „Geier Willy" ein Denkmal gesetzt worden ist. Geier Willy hieß mit bürgerlichem Namen Willy Schneier und war Hauptkassier des Vereins. Er gab gern den „nackten Mann", der sich sprichwörtlich nicht in die Taschen greifen lässt, und hielt das wenige Geld, das der KSC besaß, eisern zusammen. Etwaige Forderungen nach höheren Spielerhonoraren quittierte er mit einem klaren: „Nicht mit mir!"

Die Wahrheit über Schlotter-Beck, Geier Willy oder den Nackten Mann ist aber eine ganz andere. Das weiß Stephanie Haag von der Geschäftsstelle des KSC. „Der Sportler" heißt die Statue schlicht. Ihr Schöpfer ist kein geringerer als der Bildhauer Emil Sutor, der 1958 den Filmpreis Bambi umgestaltet hat. Sutor, der an der Großherzoglich Badischen Akademie der Bildenden Künste studiert und in Karlsruhe ein Atelier hatte, ging einer ganz profanen Leidenschaft nach: Er war Mitglied und glühender Verehrer des KSC. Kein Heimspiel ließ er aus und reiste seinem Verein zu Auswärtsspielen nach. Und die Badener waren so erfolgreich, dass sie nach dem Pokalsieg 1958 sogar Süddeutscher Fußballmeister wurden.

Das Jahr darauf verpassten sie den Meistertitel. Emil Sutor wettete mit dem damaligen Spielausschuss-Vorsitzenden Erich Fehlberg: Sollte der KSC 1960 erneut Fußballmeister werden, würde er seinem Verein eine große Statue schenken. Die Kicker aus dem Wildpark gewannen tatsächlich die Trophäe. Sutor machte sich an die Arbeit.

Seit wann die Statue für jedermann der Nackte Mann heißt, ist nicht überliefert. Es muss ein schleichender Prozess gewesen sein, denn der Nackte Mann gilt seit Mitte der 60er-Jahre als Treffpunkt schlechthin. Damals trafen sich zu seinen Füßen die Schülergruppen der Karlsruher Schulen, die auf unterschiedlichen Wegen zum Wildparkstadion gepilgert waren und von dort gemeinsam in den Schülerblock zogen.

Heute jedenfalls ist die Steinfigur bundesweit als Treffpunkt bekannt. Egal, ob jemand aus Hamburg, Düsseldorf oder München vor oder nach dem Spiel einen Bekannten treffen will, sie alle verabreden sich beim Nackten Mann. Und der Vater jenes kleinen Jungen braucht in der Tat keine moralischen Bedenken zu haben, wenn er den Junior zum Denkmal schickt. Emil Sutor wollte mit seinem Kunstwerk den Idealtypus eines Sportlers darstellen und mit ihm die moralischen und geistigen Werte in Stein meißeln, die der Sport jungen Menschen vermitteln soll.

Längst sind aus Vereinsanhängern und Schlachtenbummlern Fans geworden, die nicht immer den „moralischen und geistigen Werten des Sports" folgen. Bierselig reißen sie auf dem Weg ins Stadion auch mal Witze über den Nackten Mann. So wird immer wieder die Geschichte jenes Fans erzählt, der vor einem Heimspiel völlig nackt herumgelaufen sein soll. Von anderen darauf angesprochen, dass er so nicht zum Spiel gehen könne, verteidigte er sich, dass es dort doch auch einen nackten Mann gebe. Daraufhin meinte einer seiner Kumpels: „Der isch doch aus Sandschtai!" – und der Nackte konterte: „Klar, und i bin aus Eckschtai!", womit er seinen Wohnort Eggenstein meinte.

Den Symbolwert aus Geier Willys Zeiten hat der Nackte Mann leider behalten: Bis heute ist der KSC knapp bei Kasse, unabhängig davon, ob er in der Ersten oder Zweiten Bundesliga spielt.

Wer den Pfennig nicht ehrt ...

EINMAL IM JAHR gibt es in Karlsruhe eine Völkerwanderung, Tausende ziehen dann zum Festplatz. Zuerst kommen sie mit Plastiktüten, Umhängetaschen und Fahrradanhängern – selbst ein Kleinbus und diverse Kombis wurden schon gesichtet –, um über 60 Tonnen gebrauchte Kleider, gelesene Bücher, unnütze Haushaltswaren und allerlei Gruschd abzuladen. Eine Woche später kommen andere oder auch dieselben, aber ebenfalls in Scharen, um eine ähnliche Menge in Plastiktüten, Umhängetaschen und Fahrradkörben wieder abzutransportieren. Die Karlsruher wissen, was dieses Schauspiel bedeutet: Es ist Pfennigbasar, und der ist seit 1968 Kult.

Am 20. März 1957 hatten Gattinnen amerikanischer Offiziere und die Damen aus Karlsruhes besserer Gesellschaft den Deutsch-Amerikanischen Frauenclub gegründet, weil sie Gutes tun wollten. Zehn Jahre später war daraus der Internationale Frauenclub geworden. Nicht, weil die Damen ahnten, dass der Standort der US-Armee einmal aufgelöst werden würde, sondern weil sich Karlsruhe zur Wissenschaftsstadt entwickelt hatte. Ausländische Gastprofessoren zog es an die Universität. Das Forschungszentrum, 1956 als „Reaktorstation Karlsruhe" gegründet, lockte ausländische Wissenschaftler an. Die Europäische Schule öffnete 1962 ihre Klassenzimmer, in denen Kinder bis heute in ihrer Muttersprache unterrichtet werden.

Trotz der Internationalität blieb das Engagement für den deutsch-amerikanischen Studentenaustausch ein wichtiges Anliegen, denn die Völkerverständigung lag den Damen besonders am Herzen. Dafür sammelten sie Geld. Im Mai 1967 fuhren die beiden Präsidentinnen, die Deutsche Dr. Annemarie Heimann und die US-Amerikanerin Gie Kyrios, zum jährlichen Treffen

Kaufen zu Pfennigpreisen.

des Dachverbandes nach Nürnberg. Es kam der spannende Moment, als die Spenden eingesammelt wurden. Karlsruhe brachte 76,63 Mark für den Austausch
und 10 Mark für die Jugendarbeit mit. Wie sich he-
rausstellte, ein jämmerlicher Betrag! Das Ganze war
besonders blamabel, weil, wie Mrs Kyrios vermerkte,
der Schatzmeister die Beträge laut vorlas. Während
Karlsruhe bei seinen Kaffeekränzchen in der Summe
also keine 100 Mark zusammengebracht hatte, spen-
deten andere Clubs mehrere Tausend. So konnte es
nicht weitergehen.

Der Gemahl von Mrs Kyrios war zuvor in Heidelberg stationiert und so wusste sie vom dortigen Pfennigbasar. Beim Silvesterfest 1967 machte sie Nägel mit Köpfen. Sie überzeugte bei ein paar Gläsern Champagner den skeptischen Oberbürgermeister Günther Klotz, dem Internationalen Frauenclub die neu eröffnete Nancyhalle für einen Pfennigbasar zu überlassen und sogar die Schirmherrschaft zu übernehmen. Die Nancyhalle war gerade anlässlich der Bundesgartenschau eingeweiht worden. Sie passte bestens ins Konzept, leistete doch die Städtepartnerschaft zwischen Karlsruhe und Nancy ebenfalls einen Beitrag zur Völkerverständigung.

Der erste Pfennigbasar fand im Mai 1968 statt und wurde sofort ein Erfolg. Über 8000 Mark wurden eingenommen. Die Karlsruher Clubdamen konnten fortan bei jedem Treffen des Dachverbandes mit ihren Spenden glänzen. Bis heute sind es über 2,6 Millionen Euro geworden. Trotz dieser Riesensumme und der Euro-Einführung ist der Name Pfennigbasar geblieben.

In den Anfangsjahren lockten neben den Schnäppchen vor allem Leckereien wie Coca-Cola und American Icecream in die Nancyhalle. Große Tiefkühltruhen wurden dafür herangeschafft und angeschlossen.

Ausruhen konnten und können sich die Basarbesucher im erhöhten Pfennig-Café mit Blick über das bunte Treiben. Die Clubdamen verwandeln sich nämlich nicht nur in Verkäuferinnen von Unterwäsche, Elektrogeräten, Bildern oder Kleinmöbeln, sie sind auch Bäckerinnen und Konditorinnen, die nahezu 400 Kuchen und Torten beisteuern. Neben der Kuchentheke gibt es eine weitere sehr wichtige Anlaufstelle: die Gepäckaufbewahrung. Die Damen dort haben 500 Marken zur Verfügung, die ständig im Umlauf sind. Und das ist gut so. Denn wer voll bepackt ist, hat keine Hand mehr frei für weitere Einkäufe. Das wäre bei dieser Auswahl jammerschade.

Da der Pfennigbasar nicht nur ein sozialer Event ist, sondern auch den Müllberg reduzieren hilft, bekam der Internationale Frauenclub 1992 den Umweltpreis der Stadt Karlsruhe verliehen. Denn selbst der Rest, der keinen Käufer gefunden hat, wird verwertet. Zwei Drittel gehen an die Diakonie Ungarn, ein Drittel an eine Organisation des Freundeskreises Deutschland Kamerun. Nur die übrig gebliebenen Bücher sind fürs Verschenken zu schwer. Sie werden von einem Sportverein abgeholt, der mit dem Geld, das er für das Altpapier bekommt, seine Vereinskasse aufbessert.

Seit 2005 findet der Pfennigbasar in der Schwarzwaldhalle stand. Damals hatte Industriedesigner Luigi Colani die Nancyhalle mit seinen aerodynamischen Fahrzeugen in Beschlag genommen, sodass der Damenclub in einer Pressemeldung titelte: „Trödel weicht Design". Heute sind sie froh über den Wechsel, denn der Andrang wird jedes Jahr größer. Jetzt stehen ihnen über 2500 Quadratmeter zur Verfügung, die jeden Januar drei Tage lang von etwa 20 000 Schnäppchenjägern bevölkert werden. Die angelieferte Ware wird grundsätzlich auf ihre Funktionsfähigkeit überprüft. Nur gut Erhaltenes kommt auf die Wühltische. Alles wird sortiert, nach Fachgebieten auf 28 Stände aufgeteilt. Der Bücherstand zählt 41 Kategorien.

Mehr Fläche bedeutet für die Clubdamen aber auch mehr marschieren: In den zehn Tagen, die das Organisationsteam vom Aufbau bis zum Abbau des Pfennigbasars in der Schwarzwaldhalle ist, legt jedes Mitglied des Basarteams etwa 140 Kilometer zurück. Insgesamt stemmen über 450 ehrenamtliche Helferinnen und Helfer die Veranstaltung. Das sind Freundinnen der Mitgliedsdamen und Ehrenamtliche der unterstützten Hilfsorganisationen, von denen gerade mal fünf Prozent Männer sind. Sie füllen leer gekaufte Stände wieder auf, lotsen Suchende zu ihren Wunschzielen, schenken 2000 Becher Kaffee aus. Was sie nicht schaf-

American Icecream ist der kulinarische Renner.

fen, ist die Preisauszeichnung der Ware. Lediglich am Stand Kitsch & Kunst, an dem der Kunstkenner schon mal eine wertvolle Majolika-Skulptur erstehen kann, haben die Kunstverständigen unter den Clubmitgliedern die Objekte mit Preisschildern versehen.

Marion Wenzel, derzeitige Leiterin des Pfennigbasars, erinnert sich noch gut an ihren ersten Einsatz. Damals wurde sie an den Krabbeltisch gestellt und sollte Kleidungsstücke für zwei oder drei Mark verkaufen. Viele der Kaufwilligen glaubten sich auf einem orientalischen Basar und handelten sie auf den halben Preis herunter. Zwei Stunden lang fauchte die Wut in ihrem Bauch, ehe ihr die rettende Idee kam, die nur Gewinner kennt: Sie entwickelte schnell ein Gespür dafür, wer mit ihr handeln wollte und verlangte von denen fünf Mark. So hatten alle ihren Spaß und waren zufrieden: Die Feilscher konnten siegreich vom Platz ziehen, für den sozialen Zweck blieb mehr Geld und Frau Wenzel ersparte sich ein Magengeschwür.

Der Run war und ist unbeschreiblich. Doch bei all der Arbeit haben die Clubdamen Muße genug, das witzigste Stück herauszusuchen. Dieses überreichen sie der Basarleiterin just dann, wenn sie die Höhe der Einnahmen verkündet. Einmal bekam Marion Wenzel einen Fisch, der auf Knopfdruck singt. Der Fisch wurde von seinem alten Besitzer weggegeben, weil er zwar noch mit dem Schwanz wackeln und den Kopf zum Betrachter herumreißen, aber sein Maul nicht mehr öffnen konnte. So grausam können Fischherrchen sein!

Das Modehaus mit Tradition

DIE KLEINE MELITTA huschte zwischen Stoffballen und Kleiderpuppen hindurch und fand endlich ein ruhiges Plätzchen. Sie betrachtete das gelbe krumme Ding in ihrer Hand. Bisher war sie von den amerikanischen Soldaten nicht enttäuscht worden, die ihr schon manche Leckerei zugesteckt hatten. Aber das neue Geschenk sah schon sonderbar aus. Dennoch biss sie herzhaft zu. Es schmeckte abscheulich! Erst nach genauerer Untersuchung entdeckte sie das süße Innere ihrer ersten Banane.

Die provisorische Schneiderwerkstatt, in der Melitta ihre Kleinmädchenabenteuer erlebte, war in der Riefstahlstraße, dem Wohnhaus ihrer Eltern Carl und Melitta Schöpf. Ihr Vater führte in zweiter Generation das Modehaus am Marktplatz. Firmengründer Carl Schöpf, Großonkel der kleinen Melitta, hatte 1899 das Weinbrennerhaus gekauft, in dem früher einmal die Handelsstube, die Vorläuferin der Industrie- und Handelskammer, untergebracht war.

Als beim Bombenangriff 1944 das Geschäftshaus auf dem Marktplatz bis auf die Grundmauern niederbrannte, konnte noch ein Teil der Schneiderwerkstatt gerettet und ins Wohnhaus gebracht werden. Nach dem Krieg war es kurze Zeit von den Franzosen besetzt. Als die Besatzungsmacht wechselte, sollte es für Familie Schöpf und ihr Geschäft wieder aufwärtsgehen.

Frau Schöpf liebte die englische Sprache und die USA. So kam es, dass sie vor dem Krieg einige Zeit in den Staaten verbracht hatte. Wie es Menschen gerne tun, wenn sie auf Reisen sind, so hatte auch sie Souvenirs aus den besuchten Städten und Bundesstaaten gesammelt und mit nach Karlsruhe gebracht. Jetzt sollten ihr perfektes Englisch und ihre Sammlung amerikanischer Wimpel von großem Nutzen sein.

Sie dekorierte einen Raum mit ihren Mitbringseln und linderte so das Heimweh der Soldaten, die oft das erste Mal in Europa weilten. Die amerikanischen Soldaten gingen in der Schneiderei ein und aus. Sie waren glücklich, wenn sie die Wimpel ihrer Heimatstadt erkannten und riefen entzückt: „Oh, like home!" Um möglichst oft heimatliche Gefühle zu genießen, ließen sie ihre Uniformen ändern und neue Käppis nähen. So viele Käppis konnten sie gar nicht kaputt machen oder verlieren, wie hier genäht wurden.

Der Wiederaufbau Karlsruhes ging schnell voran, auch das Geschäft der Schöpfs konnte wieder an seinen angestammten Platz ziehen. 1950 fuhr ein kleiner Autokorso durch die Stadt und auf dem Transparent stand in großen Lettern: „Wir ziehen wieder an den Marktplatz." Das Modehaus Schöpf war der Erste der wiedererstellten Weinbrennerbauten.

Dass es im Nachkriegskarlsruhe auch in Sachen Mode rasch wieder aufwärtsging, war der Deutschen Therapiewoche zu verdanken. Seit 1949 brachte der Ärztekongress einmal jährlich gesellschaftlichen Glimmer in die Beamtenstadt. Hunderte Mediziner kamen, die sich von morgens bis abends mit Vorträgen auf den neuesten wissenschaftlichen Stand bringen ließen. Die Doctores waren in Begleitung ihrer Gattinnen, die mit Empfängen, Bällen und einem attraktiven Damenprogramm bei Laune gehalten wurden. Die Damen hatten also viel Zeit, und so kam das Modehaus Schöpf ins Spiel.

Sämtliche Schaufenster wurden neu dekoriert, schließlich wollte sich das erste Haus für elegante Damenmode gut präsentieren. Exklusive Ballkleider, elegante Mäntel, aber auch Nerzstolen gehörten zu den begehrten Objekten. Die Damen kamen zuhauf, probierten stundenlang, ließen sich vom qualifizierten Fachpersonal beraten, legten alles wieder zurück und kamen erneut. Schließlich fiel eine Entscheidung, aber noch wurde nicht gekauft. Die Damen baten das Personal, das gute Stück zurückzulegen, bis abends der Gatte mitkam, erschöpft vom vielen Zuhören, und die stattliche Summe beglich.

Schon damals galt, dass gutes Fachpersonal am besten im eigenen Haus zu bekommen war. Daher bildete Carl Schöpf seine Modeberaterinnen selbst aus. Ein pfiffiger Lehrling war Brigitte König. Für sie war es selbstverständlich, am Arbeitsplatz nach der neuesten Mode gekleidet zu sein. Ständig raschelten die steifen Tülllagen, wenn sie stolz ihren Petticoat schwang. Wollte eine Kundin bezahlen oder ihr neues Kleid in Seidenpapier einpacken lassen, musste sich Brigitte hinter die enge Verkaufstheke zwängen. Damals ging auch Kleidung über den Ladentisch. Die vielen Petticoat-Stoffschichten waren für das Hin und Her alles andere als förderlich und so bezeichnete sie Lehrherr Schöpf manchmal als „Verkehrshindernis".

Brigitte nahm es als Kompliment. Sie war fleißig und jederzeit zu Arbeiten bereit, die auch über ihre Ausbildung hinausgingen. Kurz nach der Währungsreform musste sie für Frau Schöpf etwas besorgen, was sie schnell und zu deren Zufriedenheit erledigte. Da staunte sie nicht schlecht, als ihr die Chefin fünf Mark zur Belohnung in die Hand drückte. So viel Geld hatte Brigitte noch nie bekommen. Sie steckte die Münze in ihr Täschchen und holte sie den ganzen Tag über immer wieder heraus, um sie anzuschauen. Sie war reich!

Ein so tüchtiges Mädel blieb natürlich dem Wettbewerb nicht verborgen. Und so kam von einem aus Diskretion nicht genannten Konkurrenten der Chef persönlich zu ihr und versprach ihr das Blaue vom Himmel. Noch heute weiß sie ihre Antwort, die sie auf die Abwerbungsversuche gab: „Nicht einmal für eine Million gehe ich weg von Schöpf!" Dass im Modehaus Schöpf ein gutes Klima herrschte, zeigte sich nicht

Ein Ständchen für den Chef.

nur an Brigittes Treue. Bei festlichen Anlässen und zu Weihnachten brachte die Belegschaft ihrem Chef ein Ständchen.

Petticoats gehörten kaum zum Angebot bei Schöpf. Hier gab es die eleganten Modelle von Heinz Oestergaard, Stäbe und Seeger sowie Uli Richter. Wunderhübsche Seidenkleider in Kombination mit einem Mantel, wobei das Futter im selben Stoff wie das Kleid gehalten war. Die elegante Dame ging niemals ohne Handschuhe oder ohne Hut aus dem Haus. Die passenden Accessoires gab es selbstverständlich auch bei Schöpf.

Jedes Jahr flog Carl Schöpf nach Berlin, dem Zentrum für Damenoberbekleidung, und besuchte die „Berliner Durchreise", die wohl älteste Modemesse der

Welt. Erst nach dem Mauerbau 1961, der Berlin isolierte, wurden München und Düsseldorf zu Modestädten. Natürlich kaufte nun auch Carl Schöpf an der Isar und dem Rhein, doch er blieb Berlin noch lange treu. Dafür ehrte ihn Willy Brandt als Regierender Bürgermeister von Berlin mit der Treuemedaille in Gold.

Für Carl Schöpf galt unumstößlich die Verkaufsregel: „Höflichkeit kostet nichts, trägt aber reichlich Zinsen." Höflichkeit und Anstand forderte er auch von seinen Geschäftspartnern. Eines Tages kam ein junger Mann ins Modehaus, um seine Kollektionsvorlage zu machen. Das war überhaupt seine erste Vorlage und Carl Schöpf staunte nicht schlecht, einen barhäuptigen Mann vor sich zu haben. Er sagte: „Junger Mann, so kommen Sie nicht noch mal her!" Der Modeverkäufer wagte es nie mehr, ohne Hut aufzutauchen, und erinnert sich noch heute an den Rüffel.

Inzwischen war die kleine Melitta herangewachsen, es kam für sie die Zeit der Konfirmation. Konfirmiert wurde damals im schwarzen Kleid. Sie und ihre beiden Freundinnen trugen die gleichen Kleider, die in der Schneiderei Schöpf kreiert worden waren. Die anderen Mädchen waren nicht minder hübsch anzusehen, sie trugen ebenfalls Eigenkreationen, wenn auch nicht aus dem Modehaus. Nach dem Krieg hatten die Leute wenig Geld. Aus Omas Trauerkleid wurde deshalb schnell ein Konfirmationskleid geschneidert. Wenn es besonders luxuriös sein sollte, dann wurden Samtapplikationen und Pailletten aufgenäht.

1980 trat Dr. Melitta Büchner-Schöpf, die von allen Mitarbeiterinnen und Mitarbeitern respektvoll „die Frau Doktor" genannt wird, die Nachfolge ihres Vaters an. Eine dieser Mitarbeiterinnen ist bis heute Brigitte König: Selbst im Rentenalter kann sie es nicht lassen. Mit viel Freude geht sie ihrer Arbeit als Modeberaterin für Jacken und Mäntel nach.

Vom Vorzeigebad zum Exotenhaus

AM 16. JUNI 1955 eröffnete mit dem Tullabad ein Hallenbad der Superlative, weitläufig angelegt mit einer riesigen Tribüne. Schwimmer warteten auf Wärmebänken auf ihren Start. Trainer beobachteten die Sportler durch Unterwasserbullaugen und Unterwasserleuchten sorgten für gute Sicht. Die Startblöcke waren mit einer elektronischen Zeitmessung ausgerüstet und es gab – was nur wenige Hallenbäder damals hatten – einen Zehnmetersprungturm.

Ob Wasserball oder Synchronspringen, das Becken war für alle Sportarten tief genug. Hier schwammen die Asse aus dem In- und Ausland Rekorde, hierher kamen die Schulklassen zum Schwimmunterricht, hier verbrachten die Karlsruher ihre Freizeit, hier hatten die Sportvereine nach genau ausgeklügeltem Zeitplan Zutritt.

Sehr beliebt war das Tullabad auch bei Studenten, denn für 50 Pfennig Eintritt gab es Schwimmen und eine warme Dusche. Damals hatten nur wenige Wohnungen ein Badezimmer. Studenten, die in Untermiete wohnten, radelten in aller Frühe ins „Tulla", duschten und besuchten nachher die legendäre Milchbar. Besonders köstlich war die Bananenmilch, aber der Hit schlechthin war das Ei im Glas.

Alle jubelten – bis auf die Bademeister. Sie hassten das Bad, weil es kalt und ungemütlich war, weil die Türen klemmten und weil es schlecht zu reinigen war. Karl Specht, oberster Bademeister und gestrenger Herr über das Tulla, sorgte für Ordnung und Sauberkeit. Einmal im Vierteljahr wurde das Wasser abgelassen, die Bademeister mussten mit Seifenlauge und Scheuerpulver ins Becken hinabsteigen. Sie schrubbten die viereinhalb Meter hohen Kachelwände, während „der Chef" sie überwachte.

Wenn die jungen Männer ihre Putzaktion als beendet ansahen, kam seine Kontrollfrage: „Habter alles sauwer gmacht?" Das mehrstimmige „Ja!" reichte ihm als Beweis nicht aus. „Wie viel Kilo Ata habter braucht?" Darauf gab es nur eine korrekte Antwort: 15! Nicht zehn, dann hätten sie nochmals rangemusst, nicht 20, das wäre Verschwendung und Anlass für einen Anpfiff gewesen.

Weniger kräftezehrend, dafür an den Nerven zerrend war die Überwachung der Kabinen, weil nicht alle Badegäste ehrlich waren. Die Langfinger unter ihnen kletterten in die Nachbarkabine und klauten wie die Raben. Eines Tages saß ein kleiner Junge auf der Trennwand, als der Bademeister vorbeikam und dem Vater hinter der Tür zurief: „Der Bub muss da runter!" Doch statt Verständnis kamen üble Beschimpfungen zurück. Ein Wort gab das andere, bis dem Wächter über die Badordnung der Kragen platzte und er den Vater fragte, ob der Bub daheim denn auch auf Schränke klettern dürfe. Wutentbrannt ob der unbotmäßigen Einmischung in die elterliche Erziehungsgewalt verließen Vater und Sohn das Bad, um sich „ganz oben" zu beschweren, beim städtischen Bäderdirektor Julius Döring.

Um den schwarzen Schafen das Handwerk zu legen, baute man auf jede zweite Kabine ein Gitterdach ein. Dennoch hatten die Bademeister ein wachsames Auge auf den Ausgang. Hatte ein Badegast zu viele Kleider unter dem Arm, wurde die Polizei gerufen.

Niemand hat dokumentiert, wie viele Baggerseegäste und Adria-Urlauber das Tullabad vor dem Ertrinken gerettet hat. Denn hier machten sich Menschen fit, die anderen das Schwimmen beibrachten oder im Notfall zur Stelle waren: Im Tulla trainierte die Deutsche Lebens-Rettungs-Gesellschaft (DLRG). Nach der Eröffnung des Bades wuchs die Zahl der Karlsruher Ortsgruppen rapide. Und das, obwohl der Drill ganz schön

Warten auf den Wärmebänken.

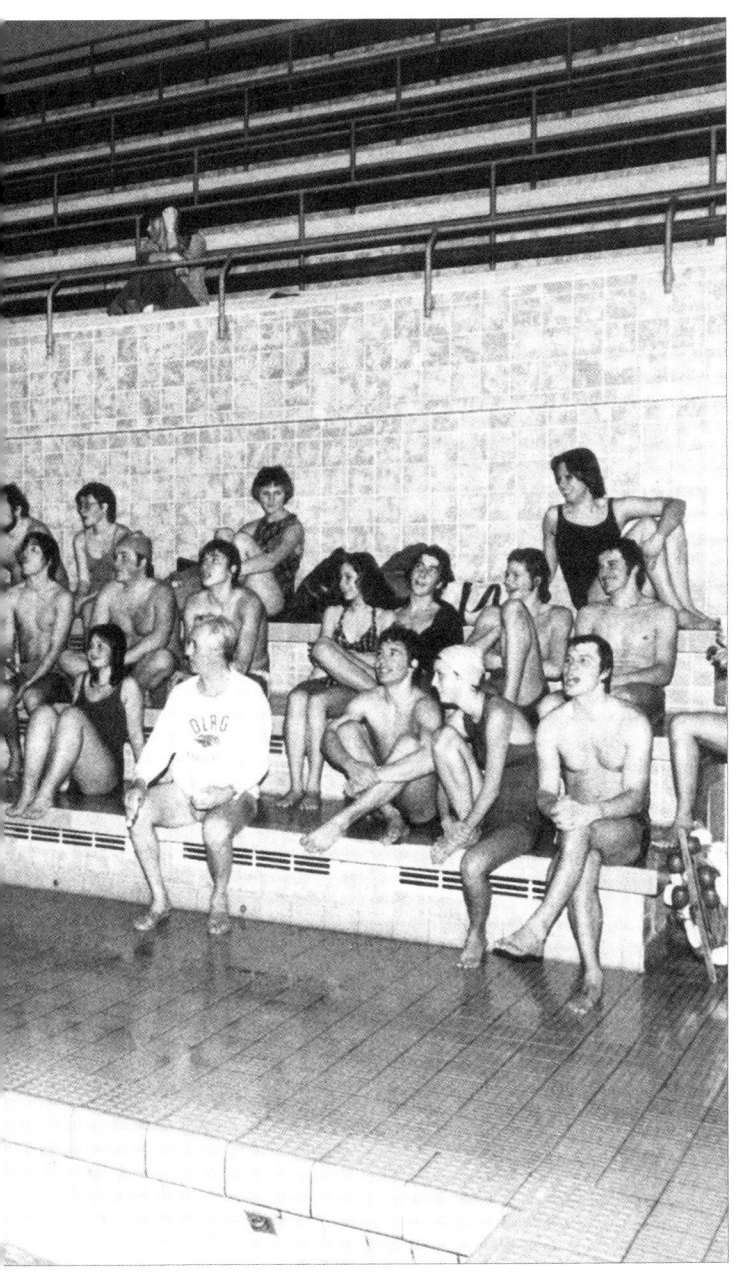

hart war. Die Mitglieder spurten auf Pfiff: Raus aus dem Becken, hinter der vorgegebenen Linie aufstellen, rechts die Männer, links die Frauen, und Gymnastik auf Kommando: Pfiff – linkes Bein hoch, Pfiff – rechtes Bein. Und wehe es wackelte einer oder kam mit dem großen Zeh über die Linie!

Weit weniger rau ging es zu, wenn die Kleinsten schwimmen lernten. Sie klammerten sich an ihre Schwimmhilfen und es dauerte seine Zeit, bis sie allein das Becken durchqueren konnten. Die Schwimmlehrer staunten nicht schlecht, wenn sie die Schaumstoffbretter wieder einsammelten: Alle waren angeknabbert. Vielleicht hatten die kleinen Wasserratten doch mehr Angst, als sie zugaben, und bissen, mit dem Schaumstoff dazwischen, die Zähne zusammen.

Wer schon in die Schule ging, konnte mithelfen, dass seine Klasse auf „den Töpper" kam, wie der Vorläufer des Fahrgastschiffes MS Karlsruhe im Volksmund hieß. Jedes Jahr suchten DLRG und Oberschulamt die Klasse, die mit den meisten bestandenen Rettungsschwimmprüfungen aufwarten konnte. Neben der Ehre, einem Wanderpokal, winkte der Siegerklasse ein Ausflug auf dem Rhein. Die „Friedrich Töpper" tuckerte dann vom Rheinhafen bis zum wenige Kilometer entfernten Neuburgweier. Fast wie auf einem Luxusliner wurden die Preisträger verköstigt, während sie den Vorführungen eines Rettungsboots zuschauten.

Unter den Schwimmschülern war auch eine 80 Jahre alte, durch ein Holzbein behinderte Dame. Sie hatte ein Leben lang geglaubt, schwimmen zu können sei für sie unnötig – bis sie eine Schiffsreise gewann. Natürlich ging auch sie ins Tullabad. Nach nur drei Monaten konnte sie schwimmen und ihren Gewinn antreten. Sie hatte ihre Schwimmlehrerinnen mit einer besonderen Kostbarkeit motiviert: Nach jeder Schwimmstunde schenkte sie ihnen eine ganze Tafel Schokolade.

Aber nicht sie, sondern eine andere Schwimmschülerin bekam den Titel „Wasseroma" und das, obwohl sie „schon" mit 50 zu ihrer ersten Schwimmstunde kam. Alle erinnern sich noch an ihre große Tasche, in der sie Handtücher, Badehosen oder Badanzügle für jene Kinder dabeihatte, die ihr Schwimmzeug vergessen hatten. Damit war ihr Engagement für die Kleinen aber noch nicht erschöpft: Sie wurde Ausbilderin für das Anfängerschwimmen.

Ihre Schützlinge sollten sich nicht von ihrem gemütlichen Namen täuschen lassen. Sie bändigte selbst die wildesten Kinder und brachte schnell Ruhe und Disziplin in die Schwimmstunde. In Wahrheit hieß die Wasseroma Else Roth und sie stand auch am Beckenrand, wenn die Großen im Wasser waren. Sie kontrollierte beim Kleiderschwimmen, einer Trainingseinheit der DLRG für den Ernstfall, jedes Wäschestück, dessen sich die Rettungsschwimmer entledigten. Fehlte an einer Jacke der Knopf oder hatte die Hose einen Riss, nahm sie das wasserschwere Teil mit heim und reparierte alles fein säuberlich. Kein Wunder also, dass ihr eine besondere Ehre zuteilwurde: Das große Rhein-Rettungsboot der DLRG wurde in memoriam auf den Namen „Oma Roth" getauft.

Das Tulla gehörte am Mittwochabend der DLRG. Eigentlich – denn schon bald gesellten sich sonderbare Gestalten dazu. Mit dem Kernforschungszentrum waren neuartige Bedrohungen in den Hardtwald gezogen, die besonderer Sicherheitsvorkehrungen bedurften. Neben der Werksfeuerwehr, den Wachleuten, die in null Komma nichts das ganze Gelände abgesperrt hätten, galt es einen Strahlenmess- und Dekontaminationstrupp auszubilden und mit schwerem Atemschutz auszurüsten.

Was fehlte, war eine Möglichkeit, unter schwierigsten Bedingungen zu trainieren. Nach vielen kostenintensiven Vorschlägen kam den Verantwortlichen eine bezahlbare Idee: Training unter Wasser! Tauchmaske und -anzug, dazu Pressluftflaschen auf dem Rücken sollten dem hohen Schwierigkeitsgrad mit Atemgerät und Schutzanzug gerecht werden und als Trainingsmaßnahme ausreichen. Die Sicherheitsleute konnten aber gar nicht tauchen. So lag es nahe, sie zu denen zu schicken, die tauchen lehrten. Unter Aufsicht der Lebensretter verbesserten sie ihre Kondition, legten den Tauch- und Leistungsschein ab und übten schließlich mit schwerem Gerät den Ernstfall, der zum Glück nie eingetreten ist.

Weit lustiger ging es bei einer ganz anderen Tauchübung zu. Wie es sich gehört, kommt zu braven Leuten an Weihnachten der Nikolaus. Zu den Rettungsschwimmern kam er nicht durch den Schornstein, sondern er verschenkte seine Gaben von einer Schwimminsel aus. Schnell wurde klar, dass bei diesem Heiligen mit seinen Badenixen die Nächstenliebe nicht sonderlich ausgeprägt war. Er warf die ersehnten Bierdosen nicht zu denen, die durstig am Beckenrand oder auf den Wärmebänken saßen, sondern ins Wasser, vornehmlich dort, wo es besonders tief war. Wer ein Bierchen wollte, musste also erst die viereinhalb Meter in die Tiefe tauchen. Alle Jahre wieder bekam das sonst so sportlich ernste Hallenbad einen Hauch von modernem Spaßbad.

Am 29. Februar 2008 wurde das Tullabad unter großer Anteilnahme der Bevölkerung und mit einem Kehrausschwimmen der Vereine geschlossen. In wenigen Jahren soll hier ein Exotenhaus entstehen. Dann wird es wieder Schulklassen in die Ettlinger Straße ziehen. Statt Schwimmen werden sie hier Biologie lernen, weil die Karlsruher Zooschule dort eine Bleibe finden wird. Die Milchbar ist verschwunden, an ihrer Stelle ist eine Erlebnisgastronomie mit Blick in die ehemalige Schwimmhalle geplant. Exotische Pflanzen werden wuchern, Fische und Reptilien sich tummeln, Vögel frei herumfliegen und dazwischen werden Zoobesucher sein, die schauen und staunen.

Weihnachtsfeier der Lebensretter.

Ein Leben für das Kino

ES WAR LIEBE auf den ersten Blick. Inge Kasper schlug das Herz bis zum Halse, als sie sah, welch schmucker Mann sich da bei ihrer Mutter vorstellte. Natürlich wurde sie nicht gefragt, doch sie drückte dem Bewerber ganz fest die Daumen.

Der Mann im dunklen Anzug rechnete sich gute Chancen aus. Schließlich war der gelernte Schriftsetzer nach seiner Rückkehr aus der Kriegsgefangenschaft schon einige Zeit im Markgrafen-Theater tätig gewesen. Ob es das Daumendrücken oder die Referenzen waren, ist nicht mehr zu entscheiden. Emy Kasper, die Inhaberin der Palastlichtspiele in der Herrenstraße, stellte ihn jedenfalls als Assistenten ein, nicht ahnend, dass er und ihre Tochter einmal die „Durlacher Kino-Müllers" werden sollten. Dabei wollte Inge Kasper nie einen Mann heiraten, der etwas mit Kino zu tun hatte.

Inge und ihre Schwester Anneliese waren tagtäglich im Kino. Ihr Großvater Otto Alban Kasper hatte mit dem Residenztheater in der Waldstraße, das alle nur „Resi" nannten, den Grundstein für die Kinodynastie Kasper gelegt. Für Kinder eine spannende Angelegenheit, wenn sie heimlich zwischen dem schweren Samtvorhang hervorlugten und sich „verbotene" Szenen anschauten. Während ihre Eltern im Büro beschäftigt waren, machten die Töchter bei Leinwandküssen große Augen oder weinten still, wenn die Heldin aus Liebeskummer ins Wasser ging.

Zu ihren Lieblingsfilmen gehörte „Der alte Fritz". Es war ein wunderbares Erlebnis, als Hauptdarsteller Otto Gebühr zur Filmpräsentation ins Gloria kam. In historischer Uniform stand er leibhaftig auf der Bühne, und die Mädels schmolzen dahin. Noch heute hat sein Autogramm einen Ehrenplatz im Album. Sonst nahmen die Kasper-Mädele den Starrummel eher gelassen, gingen die Leinwandgrößen doch bei ihnen ein und aus. Nach dem Zweiten Weltkrieg waren Lichtspieltheater verboten, die US-Militärregierung hatte allen Kinobesitzern die Lizenz entzogen. Inge und Anneliese weilten damals mit ihrer Mutter in Freiburg. Inge nutzte die Zeit und machte eine Ausbildung, um ein Kino führen und Filme vorführen zu können. Sie arbeitete als Volontärin und erlernte den Umgang mit den unterschiedlichen Vorführgeräten. Die Prüfung war kein Zuckerschlecken. Es ging nicht allein um technische Fragen, die Prüfer wollten die Abstände zwischen den Sitzreihen wissen, sie fragten nach der Zahl der Notausgänge, und überhaupt schienen ihnen die Kenntnisse über das Gebäude wichtiger als das Wissen über die Vorführung. Inge bestand mit Bravour.

1949 hieß es dann wieder „Vorhang auf". Emy und ihre Töchter kehrten nach Karlsruhe zurück und eröffneten als Erstes ihrer alten Kinos die Palastlichtspiele, kurz: „Pali". Inges Schicksal nahm seinen Lauf. 1951 heiratete sie ihren Traumprinzen.

Inge Kasper und Emil Müller gaben sich 1951 das Ja-Wort.

„Schwarzwaldmädel" im Pali.

Zu dieser Zeit hatte sich Emil Müller längst als Glücksgriff für den Kinobetrieb erwiesen. Seine Außenreklamen lockten die Filmbegeisterten zu Tausenden an. Das ganze Kino war von oben bis unten mit Werbeplakaten geschmückt, alles Unikate, die den schönen Nebeneffekt hatten, die baulichen Schäden der Bombenangriffe verschwinden zu lassen.

Die Leute waren wild auf Kino. Zum einen war es ein bezahlbares Vergnügen, zum anderen ein Ort für Frischverliebte. Die mit Samt überzogenen Sesselchen waren bequem und verlockten vor allem in den Parkett-Logen zum Kuscheln. Manches Pärchen verpasste in seiner „Knutsch-Loge" das Happy End des Films. Nur gut, dass Platzanweiserinnen vor der nächsten Vorstellung durchgingen und die Verliebten auf die Straße setzten.

Ganz anders war das beim Aufklärungsfilm „Schleichendes Gift", der in drastischen Bildern vor Geschlechtskrankheiten warnte. Da mussten Männlein und Weiblein getrennt sitzen, auch das Rote Kreuz wurde bestellt. Die Sanitäter kamen jedes Mal zum Einsatz – nicht beim schwachen Geschlecht, es waren die Männer, die reihenweise in Ohnmacht fielen.

Dann war für Inge und Emil Müller die Zeit im Pali vorbei. Es lockten in Durlach das Roxy, die Skala, das „Kali", genauer das Kammer-Lichtspieltheater, und das Markgrafen-Theater. Die Müllers übernahmen nach und nach alle vier Kinos als Pachttheater. Die Führung war ein Kraftakt. Jedes Kino hatte eine Kohlenheizung und beschäftigte einen Heizer. In jedem Kino musste die Kasse besetzt, die Karten abgerissen und die Gäste zu ihren Plätzen geführt werden. Jedes Kino brauchte einen Vorführer – ein harter Job, keinen Augenblick konnte er die Vorführgeräte unbewacht lassen. Wenn ein Film riss, was häufig vorkam, musste sofort repariert werden.

Doch auch ohne Pannen ging es Schlag auf Schlag. Die Rollen dauerten nur 15 bis 20 Minuten, dann musste das Gerät gewechselt und von Hand umgespult werden. Und das Ganze an vier Vorstellungen am Tag, zusätzlich sonntags um elf und Samstagnacht die Spätvorstellung.

Emil und Inge Müller eilten von einem Kino zum nächsten, von einer Vorstellung zur anderen. Bei kurzen Begegnungen auf der Straße konnten sie ein paar Worte wechseln. Er erfuhr, dass sie das Essen fertig hatte und dass die Kinder noch von der Schule abzuholen waren. Sie wusste dann, dass im Roxy die Kasse unbesetzt war. Und schon eilte er zur nächsten Verhandlung mit einem Filmverleih und sie an die Kasse.

Inge Müller denkt aber gern an ihre vielseitige Arbeit zurück. „Ich habe die ganze Buchführung gemacht, mit dem Filmverleih abgerechnet und die Vergnügungssteuer bezahlt. Alles ohne Rechenmaschine", fügt sie stolz hinzu. Per Hand stempelte sie die vorbestellten Platzkarten und verkaufte Eintrittskarten und Süßigkeiten. Am Eingang zum Kinosaal stand eine Dame, die beide Karten abriss, eine Platzanweiserin begleitete den Filmliebhaber dann zu seinem Sitz. Welch ein Service!

1980 schlossen Inge und Emil Müller als Letztes ihrer Durlacher Kinos die Skala. Nach fast 30 Jahren Ehe gelang es den beiden erstmals, gemeinsam auszugehen. Dass Frau Müller, die inzwischen verwitwet ist, bis heute der Name „Kino-Müller" anhaftet, erfährt sie immer wieder. Da heißt es dann, wenn sie spazieren geht: „Kennen Sie mich nicht mehr? Ich habe bei Ihnen im Kino Süßigkeiten gekauft."

Aus zwei mach eins

MANNSCHAFTSDUSCHEN war das Größte! Ausgelaugt vom Training trotteten die Jungfußballer vom FC Phönix in die Duschkabine. Es wurde gespritzt und gelacht, man erzählte sich Witze, die beileibe nicht alle schicklich waren. Damit das Duschvergnügen ein heißes Vergnügen werden konnte, musste jeder von ihnen ein Brikett mitbringen. Sonst blieb der Kessel kalt.

Einer der Phönixbuben war Hermann Sick, der sich heute augenzwinkernd an einen weiteren Grund für die Freude auf das heiße Nass erinnert. Der Verein hatte ein weibliches Aushängeschild: Bei Phönix trainierten die erfolgreichen Handballerinnen – und auch die mussten duschen.

Noch war ihnen Fußball wichtiger als die Mädels. Wenn sie nicht selbst spielten, kamen sie ins Stadion, um den Großen bei den Ligaspielen zuzuschauen. Die begehrtesten Plätze waren in den hinteren beiden Reihen der Holztribüne. Wer dorthin durfte, der war dann schon wer. Die Emotionen gingen hoch, sie feuerten ihre Idole lautstark an. Allerdings galten damals noch Zucht und Ordnung. Sobald der Jubel zu laut wurde, gab's vom Trainer oder einer anderen Respektsperson eine Ermahnung. Sofort war Ruhe. Zumindest ein Weilchen, bis dann das Geschehen auf dem Platz erneut lautstark kommentiert werden musste.

So ein Fußballspiel war Familiensache. Die Väter gingen mit den Söhnen auf den Platz, ihre Frauen trafen sich draußen und machten sich zwei schöne Stunden. Die eine schaukelte mit dem Fuß den Kinderwagen, damit ihr Kleinstes Ruhe gab, die andere schnitt den mitgebrachten Kuchen auf und die Dritte goss Kaffee ein. Und alle strickten. Sie strickten die Stutzen für ihre fußballbegeisterten Jungs, geringelt, in zwei Farben, sodass die Wollreste auch ausreichten.

Karlsruhe hatte neben dem FC Phönix noch einen weiteren Fußballverein, den VfB Mühlburg. Beide Vereine waren arm wie Kirchenmäuse. Dennoch hatten sie Pfründe, mit denen es zu wuchern galt. Der VfB Mühlburg spielte in der Oberliga Süd, war damit erstklassig und hatte dementsprechend viele Anhänger – zu viele für das kleine Stadion an der Honsellstraße. Der FC Phönix gehörte zum Amateurlager, verfügte aber über weitläufige Sportanlagen im Hardtwald. Die Vereinsoberen werteten das – wenn auch sanierungsbedürftige – Phönix Stadion Wildpark als passable Mitgift, um so in den Genuss der höchsten Spielklasse zu kommen. Der Bräutigam aber zierte sich. Erst im zweiten Anlauf stimmten die Vereinsmitglieder für die Hochzeit.

Gleich begeistert von den Eheplänen war die Stadtverwaltung, allen voran Oberbürgermeister Günther Klotz. Die Begeisterung des OB ging so weit, dass er als Hochzeitsgeschenk ein völlig neues Stadion versprach. Die Ehe wurde am 16. Oktober 1952 geschlossen, das Paar nannte sich Karlsruher SC von 1894 Mühlburg-Phönix e.V. Ab sofort spielte der KSC in der Oberliga Süd, seine Spiele gewann er vorerst noch im Stadion an der Honsellstraße.

Oberbürgermeister Klotz hielt Wort, wenn es auch noch fast drei Jahre dauern sollte, bis aus den alten Phönix-Sportplätzen ein modernes Fußball- und Leichtathletikstadion geworden war, in dem bis zu 50 000 Schlachtenbummler Platz fanden. Das Wildparkstadion ist buchstäblich auferstanden aus Ruinen, denn der Schutt aus dem zerstörten Karlsruhe wanderte in den Neubau des Stadions. Zu seiner Einweihung am 7. August 1955 breitete sich neben dem Platz noch eine wahre Steinwüste aus, die zwar mit Bäumen bepflanzt wurde, von denen aber keiner glaubte, dass sie je wachsen würden. Das erwies sich als Irrtum: Heute spenden sie wunderbar Schatten.

Schutthalden umrahmten das zukünftige KSC-Stadion. OB Klotz gratulierte hier der Mannschaft der Südendschule zum Gewinn des Felix-Rittberger-Pokals.

Für das Eröffnungsspiel hatte sich der Pokalsieger KSC den Deutschen Meister Rot-Weiß Essen eingeladen. Aufgeregt und voller Erwartung hatten Zigtausend Schlachtenbummler ihren Weg ins neue Wildparkstadion gefunden. Unter ihnen war auch Hermann Sick, der gern an jenen heißen Augusttag zurückdenkt. Das Stadion war längst voll, doch ihm und einigen seiner Vereinskameraden war es gelungen, dennoch reinzuwitschen. Aus heutiger Sicht undenkbar: Sie lagen auf der sonnenheißen Aschenbahn! Es gab keine Sicherheitsabsperrungen, doch es blieb alles friedlich. Das Spiel endete mit 2:2 unentschieden.

Bei jedem Spiel gab es ein Vorprogramm. Entweder spielten die Reservemannschaft oder die KSC-Jugend gegen das Pendant des jeweiligen Gegners. Durften die kleinen Racker einlaufen, dann war das ein tolles Erlebnis. Sie hatten das große neue Stadion ganz allein für sich. Das Publikum feuerte den Nachwuchs frenetisch an, denn es war auch für die Zuschauer ein Riesenspaß. Die Jungen kickten frisch drauflos und gingen viel frecher ans Werk als die etablierten KSC-Profis.

Natürlich gab es auch damals für alle Klassen Auswärtsspiele. Hermann Sick, zu dieser Zeit bei der A-Jugend des KSC, erzählt gern von den damaligen Abenteuern, wenn sie aufgeregt im Karlsruher Hauptbahnhof in den Zug stiegen. Die Aufregung galt nur zum Teil dem Spiel, es war die Zugreise selbst, die für Anspannung sorgte. Wenn es zum Beispiel ins 20 Kilometer entfernte Wilferdingen ging, kam ihnen das wie eine Weltreise vor. Die Aufregung schwand und der Mut wuchs, sobald alle in den populären Freddy-Schlager einstimmten: „Brennend heißer Wüstensand, fern, so fern das Heimatland, kein Gruß, kein Herz, kein Kuss, kein Scherz. Alles liegt so weit, so weit! Schön war die Zeit, schön war die Zeit."

Heute singen die Fans eigene Lieder. Sie kennen Texte gegen den Abstieg und Texte für den Aufstieg. Sie haben einen Gegengerade-Song, sie singen „Wir sind Karlsruh's Fächerstadt-Brigade" oder sie jubeln „Kaaaarlsruh' schießt ein Tor".

Die ganze Stadt ein Garten

DIE ZUSAGE für eine Bundesgartenschau mag zwar eine Stadt stolz und glücklich machen, doch sie auszurichten ist eine ganz andere Sache. Die gute Nachricht kam 1962. Es blieben gerade mal fünf Jahre, um die Stadt umzukrempeln. Oberbürgermeister Günther Klotz machte die Schau zur Chefsache, während es Zoodirektor Dr. Karl Birkmann bald angst und bange werden sollte. Der erste Schritt war die Einrichtung eines Gartenbauamtes und die Suche nach dem passenden Direktor. Mit Robert Mürb kam ein junger Gartenbauarchitekt nach Karlsruhe, der den Kopf voller Ideen hatte. Und so wurde er nicht nur Chef des neuen Amtes, sondern auch künstlerischer und technischer Leiter der Bundesgartenschau 1967.

Die Pläne waren gigantisch. Anfangs freute das die Bürger gar nicht, denn sie hatten genug von den Auf- und Umbauarbeiten ihrer zerstörten Stadt. Doch die Stadtoberen fanden, es sei an der Zeit, sich den Grünanlagen zuzuwenden. Konkret hieß das, den Schlossgarten zugänglich zu machen und den Stadtgarten samt Zoo umzugestalten.

Im Schlossgarten war Wildwuchs, der für ein zeitgemäßes Erholungsgebiet gerodet werden musste. Spazierwege sollten in den Wald führen und der See erheblich vergrößert werden, an seinem Ufer sollte ein Seerestaurant entstehen. Es wurden Gleise gelegt, damit die Schlossgartenbahn in den Fasanengarten und zurückfahren konnte. Auf dem Schlossplatz durften keine Autos mehr parken. Der Straßenverkehr wurde in einen Tunnel verbannt, die Autos parkten fortan in der Tiefgarage. Die Autostraße, die Stadtgarten und Zoo trennte, sollte verschwinden, die beiden Seen wurden verbunden. Fußgänger und Fahrradfahrer bekamen eine Brücke über das vereinte Areal Tier- und Stadtgarten.

Im Zoo wollte Mürb die Sicht der Menschen auf die Tiere verbessern. Die Gitter sollten abgerissen und die Zuschauer nur noch mit breiten Gräben von den exotischen Tieren getrennt werden. Dem Zoodirektor schmeckte das Ganze überhaupt nicht. Er sah seine Tiere über die Gräben springen und überall Gefahren lauern. Was ihn vermutlich noch mehr wurmte, war, dass es bei der Bundesgartenschau vornehmlich um eine Pflanzenschau ging und nicht um den Zoo und dessen Bewohner.

Aber Mürb setzte sich durch und ließ Planierraupe und Bagger anrollen. Schon tags darauf hatte er ein Paket auf dem Tisch. Im Begleitschreiben erfuhr er, dass der Umbau das erste Opfer gefordert hatte. Mürb schaute vorsichtig in das Paket und sah Fell. Eine Junggazelle war vor Schreck gegen den Zaun gerannt und hatte sich dabei das Genick gebrochen. Die Gazelle blieb das einzige Opfer. Ihre Brüder und Schwestern waren nach dem Umbau gewiss glücklich über mehr Platz und mehr Sichtfreiheit.

Wie verschnupft der Zoodirektor wirklich war, sollte bei einer Werbeveranstaltung der Bundesgartenschau in Essen deutlich werden. Mürb erinnert sich noch genau an das besondere Geschenk, das Oberbürgermeister Klotz den Essenern machen wollte. Zwei prächtige Pfauen sollten Rad schlagend den Karlsruher Fächergrundriss darstellen. Dem Zoodirektor gefiel die Idee überhaupt nicht und so packte er zwei Jungvögel in die Kiste. Niemand kontrollierte das Gastgeschenk. Als Klotz vor Ort begriff, dass die Vögel noch zu klein waren, erzählte er flugs eine Geschichte von Schwarzwaldpfauen. Die seien zwar etwas kleiner als übliche Pfauen, aber sie könnten genauso schön ihren Fächer zeigen. Die Geschichte wurde allerorts geglaubt und plötzlich gab es Schwarzwaldpfauen, denn dass ein Oberbürgermeister flunkerte, war schlichtweg undenkbar.

Der umgebaute Zoo fand
großen Zuspruch.

Bald war in der Karlsruher Bevölkerung von Unstimmigkeiten oder Ablehnung nichts mehr zu spüren. Ein enormer Ansturm auf die Eintrittskarten hatte eingesetzt. Schon bald besaß fast jeder Zweite eine Dauerkarte und alle fieberten dem großen Tag entgegen.

Kühl war er, der Eröffnungstag. Es nieselte, als Bundespräsident Heinrich Lübke, einen Schritt hinter Gattin Wilhelmine, am 14. April 1967 den Stadtgarten betrat. Er sollte die Gondoletta einweihen. Die Bootskette, die auf den Seen im Stadtgarten und im Zoo dahinglitt und nach dem Prinzip der Skilifte oben und unten eine Kehre hatte, war eine der Attraktionen. Die präsidialen Sicherheitsleute protestierten, denn eine solche Gondelfahrt sei viel zu gefährlich. Lübke ließ sich nicht beirren. Er stieg mit seiner Wilhelmine in eines der Boote und kam unbeschadet am anderen Ende an.

Dass die Sorge nicht ganz unberechtigt war, erfuhr eine Frau schon einen Tag später. Lausbuben hatten einen Stuhl ins Wasser geworfen und brachten die Gondoletta mit einem Ruck zum Stehen. Die Frau geriet in Panik und sprang in das 80 Zentimeter tiefe Wasser, das so kalt war, dass sie sich eine Lungenentzündung holte.

Natürlich stand auch der Schlossgarten auf der Agenda des Bundespräsidenten, und er sollte die Schönheiten von der Schlossgartenbahn aus betrachten können. Robert Mürb hatte die Tour vorsichtshalber am Tag vor der Eröffnung getestet. Zum Glück, denn entlang der Bahnlinie standen überall Gartenabfälle und Müllsäcke, die die überlasteten Gärtner noch nicht beiseitegeschafft hatten. Mürb stellte kurz die Prioritäten klar und Lübke und sein Tross fuhren durch ein blitzblank aufgeräumtes Blumenmeer.

Die Gäste und die Presse waren jedenfalls entzückt: im Schlossgarten das Seerestaurant und das Bähnle, im

Historische Straßenbahnen als Berliner Leihgabe.

Stadtgarten der Japangarten, den ein echter Shinto-
priester weihte, auf dem Festplatz der 100 Meter hohe
Aussichtssturm und die beiden Erdhügel mit Aha-Ef-
fekt, die eigens eingeflogene Libanon-Zeder, die Hal-
lenschauen und überall Blumen, Blumen, Blumen.

Nur eine Attraktion wurde erst im zweiten Anlauf
ein Erfolg: die historischen Straßenbahnen. Karlsruhe
selbst hatte keine aufzubieten und lieh sich Bahnen aus
Berlin und Frankfurt, mit denen die Gartenschaugäs-
te vom Stadtgarten, Haltestelle Staatstheater, zum
Schlossgarten, Haltestelle Marktplatz, transportiert
wurden. Die hiesigen Schaffner in den Linien der Berliner Verkehrsbetriebe fluchten. Sie mussten ständig
die Türen auf- und zuziehen, weil diese nur eingesteckt
waren. Auch die Fahrten mit dem Frankfurter Wagen

waren ein Abenteuer. Während die Karlsruher Bahnen vom Perron in den Fahrgastraum eine Stufe hatten, war der Einstieg in den Leihwagen aus der Mainmetropole ebenerdig. Das brachte so manchen Schaffner zum Stolpern.

Das Schlimmste aber war, dass Stolpern und Abmühen mit den Türen nicht belohnt wurden, weil die Gartenschaubesucher die Oldtimer-Linie nur schlecht annahmen. Die rettende Idee kam dem Modelleisenbahn-Club Karlsruhe: Stadtführungen per Straßenbahn. Die Vereinsmitglieder bildeten sich zu Stadtführern aus und erlernten im Schnellkurs die badische Geschichte. Ab sofort waren die Oldtimerbahnen ausgebucht. Sie fuhren bis nach Durlach und die Gäste sahen sich die Turmbergbahn an. Sie fuhren zum Rheinstrandbad in Rappenwört, wo für die Gäste eine kurze Rast eingeplant war. Und immer wurden die Haltestellen zu den Eingängen der Bundesgartenschau bedient.

Mit dem Bähnle in die Welt

WENN PETER, Manfred, Jochen und Reinhard am 139er arbeiten, riecht es wie in einer Malerwerkstatt. Die Holzvertäfelung soll in altem Glanz erstrahlen und die Rohrgestänge der Sitze haben auch einen Anstrich nötig. Das Quartett ist Mitglied im Verein „Treffpunkt Schienennahverkehr Karlsruhe", kurz: TSNV e.V. Der 139er ist ein Breitraumwagen der Karlsruher Verkehrsbetriebe aus dem Jahr 1959. Sie restaurieren nicht allein zum Spaß, der Wagen soll auch wieder fahren dürfen, wenn auch nicht im regulären Linienverkehr.

„Wisst ihr noch, wie alles angefangen hat?", unterbricht Peter die arbeitsame Stille und schaut zu Manfred hinüber, dem Ältesten in der Runde. Sicher, er weiß noch sehr gut, wie er vor mehr als einem halben Jahrhundert den 14er gerettet hat. Nicht ganz legal, aber erfolgreich.

Jener 14er stammte aus dem Jahr 1899. Er war als Nummer 14 dieser Serie nach Karlsruhe geliefert worden und beförderte jahrzehntelang Personen. Anfang der 50er-Jahre wurde er zum Reklamewagen umfunktioniert. Die Türen wurden zugemacht und das ganze Gefährt mit Hartfaserplatten ummantelt. Er fuhr mit wechselnden Werbebotschaften durch die Stadt, ausgerüstet mit einem Lautsprecher, denn Musik und Ansagen sollten Passanten auf neue Waschmittel, auf den Start eines Kinofilms oder auf einen Politiker aufmerksam machen, der gerade im Wahlkampf war.

1955 war auch damit Schluss, der Wagen sollte seinen Typgenossen in die Schrottpresse folgen. Er verschwand in der Halle. Manfred aber sorgte gezielt dafür, dass er mehr und mehr in Vergessenheit geriet. Über die Verschrottungen der alten Wagen wurde penibel Buch geführt. Jedes Mal, wenn Manfred dieses Buch in Händen hielt, wurde der Eintrag über den 14er

Werbung auf Schienen.

ein bisschen unleserlicher. Über 20 Jahre fristete er ein Schattendasein, denn Manfred war klug genug, den richtigen Zeitpunkt abzuwarten.

Jubiläen können auch illegal versteckte Straßenbahnen zu neuer Ehre bringen. 1877 war die erste Pferde-Straßenbahn durch die Stadt gefahren und 100 Jahre später wurde über ein großes Fest nachgedacht. Der Modelleisenbahn-Club, dem auch Peter angehörte, schlug Oldtimer-Bahnen als Attraktion vor. Doch woher nehmen? Schließlich waren sie alle verschrottet worden. Bis auf den 14er! Peter, Manfred und eine Handvoll vertrauenswürdiger Straßenbahnfreunde machten sich an die Arbeit.

Der Urlaub wurde geopfert und 31 Samstage lang ehrenamtlich zerlegt, geputzt und abgelaugt. Der Maler, der die Lauge besorgte, vermutete die Herren seien auf den Geschmack gekommen und würden nun Lauge statt Bier trinken. Es waren viele Eimer nötig, denn die solide deutsche Ölfarbe war gleich mehrschichtig aufgetragen worden. Aber die Mühe lohnte sich. Pünktlich zum großen Fest war der 14er fahrbereit und wie neu. Sein Fortbestand schien gerettet.

Schien, denn die alten Wagen hatten einen besonderen Stromabnehmer, der längst abgeschafft worden war. Doch Straßenbahner sind weltweit eine große Familie, die Karlsruher wurden in Wien fündig. Ein Anruf genügte und der Lyrabügel wurde geliefert. Die Zeit drängte. Der Stromabnehmer wurde fix montiert und hätte fast die Jungfernfahrt nicht überlebt. Er war zu lang für Karlsruhes enge Gleisradien. Die Bastelprofis kürzten ihn – und der 14er war das erste historische Bähnle.

In den 60er-Jahren war es in deutschen Städten Mode, Straßenbahnen ganz abzuschaffen und durch Busse zu ersetzen – nicht so in Karlsruhe. Ein kluger Schachzug verknüpfte die Straßenbahn mit den Eisenbahnstrecken. Das war technisch hoch kompliziert, denn die Straßenbahn fuhr mit Gleichstrom, der Zug mit Wechselstrom. Heraus kam das international gerühmte „Karlsruher Modell", dessen Clou es ist, das Umland an das Stadtzentrum Karlsruhe anzubinden.

Die Wiege des Karlsruher Modells ist genau genommen jene Albtalbahn, die 1961 als Erste von Herrenalb direkt in die Karlsruher Innenstadt fuhr. Dazu musste die Strecke von Meter- auf Normalspur umgebaut und das Stromsystem auf Gleichspannung umgerüstet werden. Nur so war die Verknüpfung mit dem Karlsruher Straßenbahnnetz möglich. Zudem mussten neue Fahrzeuge angeschafft werden, die über eine für den Eisenbahnbetrieb nötige Zusatzausstattung und breitere Radreifen verfügten.

Die Linie A wurde schon bald in den Norden Karlsruhes verlängert, aber um auch Eisenbahnstrecken der Deutschen Bahn, die bereits mit Wechselspannung betrieben wurden, befahren zu können, bedurfte es eines weiteren Meilensteins in der Straßenbahnentwicklung. Die Verkehrsbetriebe Karlsruhe, die Albtal-Verkehrs-Gesellschaft, der Elektrokonzern ABB und der Fahrzeughersteller DUEWAG entwickelten spezielle Zweisystemstadtbahntriebwagen, die unter Gleich- und Wechselspannung fahren können. Seit 1992 sind diese Wunderwerke der Technik unterwegs.

Heute fahren die langen Stadtbahnen ganz selbstverständlich weit über das Badische hinaus. Bequem kommen die Bähnlefahrer mit der S4 direkt nach Heilbronn und mit der S5 nach Wörth in der Pfalz. Aber das Herz des Systems ist und bleibt der Karlsruher Marktplatz.

Eben jene Albtalbahn transportierte in den Nachkriegsjahren nicht nur Menschen, sondern auch Milch. In der Stadt waren die Lebensmittel besonders knapp. Daher wurden im Albtal Sammelstellen eingerichtet, bei denen die Kleinbauern ihre Milch ablieferten. Es kamen täglich etwa 100 Kannen an der Milchrampe am Albtalbahnhof an. Dort wurden sie auf Lastwagen verladen und in die Milchzentrale in der Durlacher Allee gefahren. Daran mag der ehemalige Bahnchef Hartmut Mehdorn gedacht haben, als er sagte, dass er mit seinen Hochgeschwindigkeitszügen „nicht jede Milchkanne mitnehmen" wolle. Für die Albtalbahn erübrigte sich das Milchkannensammeln, weil es immer weniger Milchkühe gab. Haltestellen wurden deshalb aber keine aufgehoben.

Die Linie A war auch die Lieblingslinie einer alten Dame, die wir diskret Magda S. nennen wollen. Sie fuhr den ganzen Tag von Nord nach Süd, von Süd nach Nord. Immer wieder wechselte sie ihren Sitzplatz und Schaffner und Fahrer glaubten, sie täte das gegen die Langeweile oder wegen der Aussicht. Gleichzeitig häuften sich die Klagen von Fahrgästen über nasse Sitze. Sie reichten Reinigungsbelege ein, weil Anzüge und Kostüme übel rochen.

Magdas Wanderschaften hatten einen triftigen Grund: Die Dame litt an Inkontinenz. Für alle Straßenbahner war der Fall Magda S. eine große Herausforderung, denn das Beförderungsverbot war ihr egal. Wurde sie erwischt, war es meist zu spät. Es kostete viel Mühe und Zeit, sie hinauszukomplimentieren. Die Folge war, dass die Linie A häufig Verspätung hatte.

Einmal, so wird noch erzählt, entdeckte einer der Chefs der Karlsruher Straßenbahnen Magda S., als die Linie A gerade unter seinem Bürofenster vorbeifuhr. Wutentbrannt ließ er den Wagen stoppen, rief einem Mitarbeiter zu, sie zu holen und im Büro zur Rede zu stellen. Noch nie waren die Türen im Gebäude so schnell zugeknallt, denn keiner wollte seinen Besucherstuhl opfern. So fand das „Verhör" stehend im Gang statt. Genützt hat es nichts, denn Magda S. fuhr bis zu ihrem seligen Ende mit der Linie A von Nord nach Süd und zurück.

Heute kommuniziert ein Straßenbahn- oder Busfahrer diskret mit der Zentrale. Zu Magdas Zeiten waren die Funksprüche noch eine öffentliche Sache, jeder konnte mithören und mitreden. Und so kursieren unter den Straßenbahnern eine ganze Reihe unglaublicher Geschichten. Ein Straßenbahnfahrer, der die Kaiserallee entlangfuhr, bemerkte, wie ein streunender Hund in seine Bahn einstieg. Er funkte die Zentrale an und bat um Rat. Noch ehe er Antwort erhielt, schaltete sich ein Kollege ein. Er kenne den Hund, sagte der und meinte: „Kein Grund zur Sorge. Der Hund steigt an der Philippstraße wieder aus." Um Einwänden vorzubeugen, fügte er hinzu: „Wenn an der Haltestelle keiner den Türknopf drückt, fährt er weiter bis zum Entenfang und rennt zurück."

Ein anderes tierisches Erlebnis hatte ein Busfahrer, der im Durlacher Nobelviertel am Geigersberg seine Touren drehte. Er beschwerte sich, weil ein Geißbock schon die zweite Runde mitfuhr und an keiner Haltestelle aussteigen wollte. Nach längerer Diskussion über Funk, wie er den störrischen Bock am besten wieder loswird, entschied man, die Polizei einzuschalten. Die führte den tierischen Schwarzfahrer ab. Apropos Schwarzfahrer. Früher hat es das nicht gegeben. Die Fahrgäste lösten beim Schaffner ihr Billett, Vielfahrer hatten ihre Monatskarte oder ein Fahrkartenheftchen und es wurde streng kontrolliert.

Humor bewiesen Fahrer und Schaffner nicht nur in Ausnahmesituationen. Die Straßenbahnen fuhren in der Kaiserallee noch direkt neben der Anwohnerstraße und dem Fahrradweg. Um die Mittagszeit drängten

Unter der „Blechbrück" regnete es Sand.

sich Schüler des Helmholzgymnasiums mit ihren Fahrrädern dicht an die Bahn. Eigentlich wollten sie den Straßenbahnfahrer ärgern, doch sie hatten ihre Rechnung ohne den Schaffner gemacht. Damals waren die Türen offen, der Kontrolleur brauchte nur seine Hand auszustrecken und der vorbeizuckelnde Zug besorgte die Ohrfeigen ganz von allein. Währenddessen wandte sich der Schaffner mit Unschuldsmiene seinen Fahrgästen zu.

Zu wahren Lausbuben wurden die Fahrer am Sonntag. Die Wagen waren spärlich besetzt, die Fahrten entsprechend langweilig. Da war es ihnen eine Freude, wenn ihre Fahrt über „d'Blechbrück" beim Entenfang führ-

te, eine eiserne Brücke mit breiten Spalten zwischen den Holzbohlen. Wer dort zu Fuß in den Gottesdienst wollte, musste unter dieser Brücke hindurch. Schnell war die Sandbremse gezogen und ein fröhliches „Aschermittwoch!" den verdutzten Kirchgängern zugerufen.

Auch mit technischen Neuerungen wurde Schabernack getrieben. Kurze Zeit hatten die Wagen sogenannte Klotzbremsen. Wenn der Wagenführer schon beim Bremsen die Türen öffnete, vibrierte die ganze Straßenbahn, sodass ein Sitzenbleiben unerträglich wurde. Grinsend schaute der Fahrer in den Rückspiegel, wenn alle Fahrgäste wie auf Kommando aufsprangen. Bleibt noch anzumerken, dass sich die heutigen Stadt- und Straßenbahnen für solche Scherze nicht mehr eignen, weil längst Sicherheit und Fahrgastkomfort vorgehen. Eigentlich schade!